Jane Austen reiste gern. Sie erkundete Südengland von Devon bis Kent; sie fuhr nach London, an die See und nach Bath. Was sie sah, gefiel ihr ausgezeichnet, und als gute Patriotin konnte sie sich nicht vorstellen, daß es anderswo schöner sein könnte. Mit ihren Augen und durch ihre Romane sehen wir noch immer die klassischen Straßen von Bath – heute Weltkulturerbe –, das Cottage in Chawton, wo sie schrieb, die Salons, in denen sie tanzte, und die geschwungene Kaimauer von Lyme Regis, von der im Roman *Anne Elliot oder Die Kunst der Überredung* Louisa Musgrove in Kapitän Wentworths Arme springen will und auf dem Pflaster landet.

Elsemarie Maletzke ist Jane Austens literarischen und biographischen Spuren gefolgt. Der Fotograf Markus Kirchgessner hat sie auf dieser Reise begleitet und die Stationen ins Bild gebracht.

Von Elsemarie Maletzke liegen im insel taschenbuch ebenfalls vor: *Das Leben der Brontës. Eine Biographie* (it 3401); *Die Schwestern Brontë. Leben und Werk in Texten und Bildern* (it 3283); *George Eliot. Eine Biographie* (it 1973); *Jane Austen für Boshafte* (it 3445); Charlotte Brontë, *Über die Liebe* (Hg., it 1249); *Very British! Unterwegs in England, Schottland und Irland* (it 3179).

insel taschenbuch 3443
Elsemarie Maletzke
Mit Jane Austen durch England

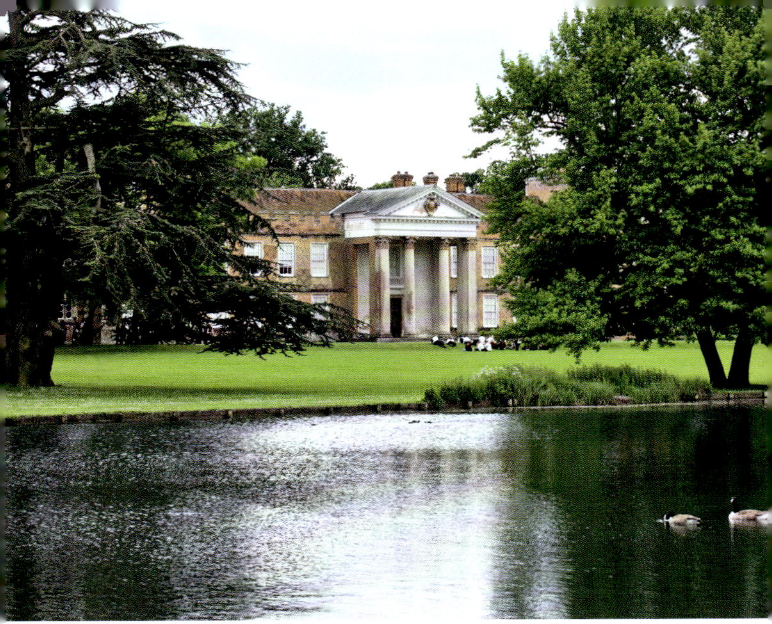

Elsemarie Maletzke

Mit Jane Austen durch England

Mit farbigen Fotografien
von Markus Kirchgessner

Insel Verlag

Seite 4: The Vyne

insel taschenbuch 3443
Originalausgabe
Erste Auflage 2009
© Insel Verlag Frankfurt am Main und Leipzig 2009
Alle Rechte vorbehalten, insbesondere das der Übersetzung,
des öffentlichen Vortrags sowie der Übertragung
durch Rundfunk und Fernsehen, auch einzelner Teile.
Kein Teil des Werkes darf in irgendeiner Form
(durch Fotografie, Mikrofilm oder andere Verfahren)
ohne schriftliche Genehmigung des Verlages reproduziert
oder unter Verwendung elektronischer Systeme
verarbeitet, vervielfältigt oder verbreitet werden.
Vertrieb durch den Suhrkamp Taschenbuch Verlag
Umschlag: Elke Dörr
Umschlagfoto: © Markus Kirchgessner
Druck: Druckhaus Nomos, Sinzheim
Printed in Germany
ISBN 978-3-458-35143-6

2 3 4 5 6 7 – 15 14 13 12 11 10

Inhalt

- 9 Steventon
- 41 Bath
- 63 Am Meer
- 85 Kent
- 104 Chawton
- 126 London
- 146 Winchester

Anhang
- 159 Anmerkungen
- 165 Quellen
- 168 Touristische Hinweise und Landkarte

Steventon. Hier stand das Pfarrhaus, in dem Jane Austen geboren wurde

Steventon

Die Pumpe wurde gestohlen. Sie war das Letzte. Immer stand sie im Weg. Wenn der Bauer die Wiese mähte, mußte er mit dem Traktor einen Schlenker drumherum fahren. Jetzt ist sie weg, hängt an der Wand eines ruchlosen Romanlesers oder wurde beim Alteisen entsorgt. Kein Stein, kein Pfosten, kein Schild markiert den Ort, wo das Pfarrhaus von Steventon stand, in dem sie am 16. Dezember 1775 geboren wurde und die ersten fünfundzwanzig Jahre ihres Lebens verbrachte. Nur die Waschküchenpumpe, Nachfolgemodell einer hölzernen Gerätschaft, war stehengeblieben, als der Neffe William sechs Jahre nach Janes Tod das alte Haus abreißen und ein neues Pfarrhaus auf dem Hügel jenseits der Straße bauen ließ.

Jane – wer? »Englands Jane«, *Stolz und Vorurteil, Emma, Mansfield Park* ... das eleganteste satirische Talent des ausgehenden 18. Jahrhunderts? Oh, Tante Jane! Aber das alte Haus war marode und völlig unangemessen für einen eleganten geistlichen jungen Herrn aus der Gentry. Nur die Linde, die ihr Bruder James 1813 gepflanzt hatte, ragt heute mehrere Stockwerke hoch über die Weide. Eine Herde Jungbullen behauptet das von Mauern und Brombeerhecken eingegrenzte Terrain. Literarische Pilger haben eine Sichtschneise durchs Gestrüpp geschlagen. Aber es gibt nichts mehr zu sehen.

Steventon in Hampshire liegt in wohlbestellter südenglischer Landschaft: eingehegte Weiden und Äcker, Gehölze,

Heckenwege und geschmackvolle Herrenhäuser sind noch immer Zeugnis der umfassenden Flurbereinigung im 18. Jahrhundert, als die großen Ländereien arrondiert wurden und die kleinen Leute darüber die Allmende, das kommunale Weideland, verloren. Man fährt sehr lange an hohen Parkmauern entlang, dann eine Zufahrt, ein blickdichtes Tor, kein Name, nur eine Gegensprechanlage. Manchmal kann man die dazugehörigen Immobilien und ihre Preise auf den Websites britischer Makler sehen; in Natur bekommt man sie selten zu Gesicht.

Jane Austen ging in den Häusern des Adels ohne Umstände ein und aus. Pomp, der nur Gewöhnlichkeit und Herzenskälte verbarg, war nicht geeignet, sie zu beeindrucken, und wie Elizabeth Bennet in *Stolz und Vorurteil* trat sie »der aus Geld und Stellung entspringenden Überlegenheit« furchtlos gegenüber. Auf einem Ball in Hurstbourne Park trank sie sich einen solchen Schwips an, daß ihre Hände am nächsten Morgen zitterten. Von Lord Bolton auf Hackwood, dessen ältester Sohn so schlecht tanzte, daß sie lieber sitzen blieb, als von ihm aufgefordert zu werden, lesen wir, daß ihm seine Schweine offenbar näher standen als seine Gäste, denn »er hat außerordentlich elegante Ställe für sie bauen lassen und besucht sie jeden Morgen gleich nach dem Aufstehen«.[1] Hackwood House bei Winslade ist heute Privatbesitz; seine Gärten sind zweimal im Jahr geöffnet. Schweineställe gibt es keine mehr.

Jane tanzte gern – »der albernste, affektierteste Schmetterling auf Gattenjagd«, wie die Mutter einer weniger lebhaften jungen Dame bei einem Ball bemerkte – und manchmal blieb sie über Nacht. Aber oft genug mußte sie auch unterm Regenschirm wieder nach Hause gehen, nicht weil sie sich danebenbenommen hätte – das wäre ihr nie passiert –, sondern weil sie eben doch nur die Tochter des Reverend George Austen war, eine muntere, geistreiche, hübsche junge Dame, großgewachsen für ihre Zeit, mit eleganter Figur, brünetten Locken, runden Wangen, haselnußbraunen Augen und klarem Teint, aber keine Person von Konsequenz.

Sie gehörte zur Gentry, den Kreisen zwischen Aristokratie und Bürgertum. Der Landadel war darin vertreten – daß die Austens mit den Knights, den Landherren von Steventon verwandt waren, trug zu ihrem Prestige bei –, die Geistlichkeit, Offiziere, höhere Rechtsanwälte, aber keine Kaufleute, und die alten Jungfern von Stand waren eher Objekte des Mitleids und des Spotts, wie man am Beispiel von Miss Bates in Austens Roman *Emma* lesen kann. Zur Gentry zu zählen bedeutete, einen Abend lang auf Hurstbourne Park zu tanzen, dem Sitz des Earl of Portsmouth, der als kleiner Junge ein Schüler des Reverend Austen war und in seiner Dachkammer gehaust hatte; es bedeutete aber nicht, daß der Graf jemals auf einem häuslichen Ball im Pfarrhaus von Steventon erschienen wäre. Ein Graf hätte auch im wirklichen Leben keine Pfarrerstochter um ihre Hand gebeten[2], und in *Emma* steuert der Pfarrer Mr. Elton, der sich einbildet, die reiche und wohlgeborene Miss Woodhouse bezirzen zu können, pfeilgerade auf ein peinliches Eigentor zu.

Sie tanzte gern und sie reiste gern. Viel sei sie nicht herumgekommen, hört man immer wieder, aber sie kannte England von Devon bis Kent; sie fuhr nach London, an die

Kanalküste, lebte in Bath und Southampton und kam bis nach Stoneleigh Abbey in Warwickshire. Auf den gebührenpflichtigen Überlandstraßen mit Poststationen, Wirtshäusern und einem Pferdewechsel alle zehn bis fünfzehn Meilen ging die Reise bei gutem Wetter flott vonstatten. Sieben bis acht Meilen in der Stunde galten als guter Schnitt; sechzig Meilen waren eine Tagesreise. Die königliche Post war gut organisiert. Von Glasgow nach London brauchte sie nur zweieinhalb Tage, von London nach Dover fünfzehn Stunden, von Steventon nach Kent waren es drei Tagesreisen. Eingeplant war eine halbe Stunde zum Essen und Frischmachen pro Tag. Private Kutschen führten kleine Nachttöpfe mit, aber wo eine Dame, die mit der Post reiste, sonst unterwegs »eine Rose pflücken« konnte, ist nicht überliefert. Umspannen dauerte in der Regel nur fünf Minuten, weil an den Stationen schon vier frische Pferde bereitstanden. Geschlafen wurde in der rüttelnden Chaise, es sei denn, man fand ein Zimmer in einem der »Coaching Inns« oder stieg bei Freunden ab.

Allerdings war es nicht ladylike, allein in einem öffentlichen Verkehrsmittel herumzukarriolen. »Ich würde gern die Postkutsche in die Stadt nehmen, aber Frank erlaubt es nicht.«[3] Oft genug mußte Miss Jane daher auf eine Mitfahrgelegenheit in anderer Leute Familienkutsche harren, oder hoffen, daß ein Bruder sie eskortierte und die Fahrtkosten übernahm. Denn Reisen war etwa zwanzigmal so teuer wie heute. So kostete die Fahrt von Winchester nach London mit der Post ein halbes Pfund. Wer wie Jane Austen mit zwanzig Pfund im Jahr auskommen mußte, konnte nur hoffen, daß »der liebe schöne Edward« die Reise nach Kent bezahlen würde. Natürlich setzte sie sich nur in Bewegung, wenn eine Einladung ergangen war. Aus Spaß oder Neugierde aufzubrechen war so undenkbar, wie sich als ledige Frau von der Familie zu absentieren und allein eine Wohnung zu beziehen. Über eine eigene Reisekasse verfügte Jane Austen erst, als sich ihre Romane verkauften. Da war sie Mitte dreißig.

Nach heutigem Verständnis kam sie wirklich nicht weit. Nie im Leben hat sie einen hohen Berg gesehen, keinen wilden Wald, keinen großen See – so wie sie auch nie einer Lokomotive, einem Fahrrad oder einer Straßenlaterne begegnet ist. Aber was sie sah, gefiel ihr ausgezeichnet, und als gute Patriotin konnte sie sich nicht vorstellen, daß es anderswo schöner sein könnte. Der Kontinent war vermutlich barbarisch; Frankreich bestimmt voller Verbrecher. (Der Mann ihrer Cousine Eliza, der Comtesse de Feuillide, war unter der Guillotine gestorben – so viel zu den Franzosen.) Schweden mochte angehen. Es hatte für den Protestantismus gekämpft, und Jane stellte es sich »irgendwie englischer« als das übrige Europa vor.

Wie es weiter draußen in der Welt aussah, hörte sie von ihren Brüdern Francis und Charles, die bei der Kriegsmarine dienten und bis nach Amerika, Ägypten, China und Westindien segelten. War ihr Bedarf damit gedeckt? Am Ende kehrte sie nach Hampshire zurück, wo sie geboren war. Aus freien Stücken, oder weil ihre Mutter es so entschieden hatte – wer vermag das heute noch zu sagen? Jane Austen reiste gern, aber im Grunde konnte sie ihren Platz so wenig verlassen wie Emma Woodhouse nach London zum Friseur fahren konnte.

Steventon liegt noch heute abseits der großen Straßen; eine Reihe Häuser, eine größere Farm, die Gemeindehalle, das weiße Haus auf dem Hügel, das der Neffe Edward, der fünfzig Jahre lang als Pfarrer in Steventon amtierte, 1823 gebaut hatte; man ist durch den Ort durch, ehe man richtig drin war. Die nächste Stadt, Basingstoke, ist sieben Meilen entfernt, London siebzig. Als der Reverend George Austen 1771 vom Dörfchen Deane ins Dörfchen Steventon übersiedelte, gab es nur eine ausgefahrene Karrenspur, die ein Mann bei anstehendem höheren Verkehrsaufkommen mit ein paar Schaufeln Schotter auffüllte. Dennoch kam ein Wedgwood Service aus London in Hampshire ohne einen Knacks an. Ihre Briefe holten die Austens am Deane Gate Inn ab, das an der alten Great Western Turnpike Road liegt, die heute B 3400 heißt. Am Deane Gate hielt die Postkutsche von und nach London. Es war ein ziemlich langer Spaziergang über die Felder und Weiden und am Tor von Ashe Park vorbei, wo Mr. Holder lebte. Ein Zettel verweist heute auf den Lieferanteneingang zehn Kilometer entfernt, aber auch dort ist der Literaturtourist nicht willkommen. Austens Nachbar hatte, wie Sir Thomas Bertram in *Mansfield Park,* sein Vermögen mit Zuckerplantagen in Westindien gemacht, Geschäfte, die stark vom Sklavenhandel profitierten, und sein Besitz war fast unermeßlich groß, aber war er auch ein Gentleman? Jane hatte einmal zehn sehr peinliche Minuten mit dem Herrn in seinem Salon verbracht, als sie allein und als Vorhut einer Familiengesellschaft auf Ashe Park eingetroffen war. Mr. Holder verhielt sich so neckisch, daß sie drauf und dran war, nach dem Hausmädchen zu klingeln und die Hand nicht vom Türknauf nahm.

In Steventon schritt die Familie sonntags einen heckengesäumten Weg von ihrem Garten direkt zur Kirche St. Nicholas hinauf, wo der Reverend amtierte und Jane getauft worden war. »Dear Jane – ich wollte etwas sehen, das sie sah«, hat dort jemand ins Gästebuch geschrieben. Steventon Manor, das alte Herrenhaus, das bis 1970 gegenüber stand, wurde abgerissen und durch ein neues Wohnhaus ersetzt; die Ulmen hat der Splintkäfer dahingerafft; der Kirchturm hat eine Spitze bekommen, das Friedhofstörchen eine neue Klinke; die Eibe neben der Tür ist zu einer schwarzen Wolke angewachsen, doch sonst scheinen die Jahre gnädig vorbeigegangen zu sein. Drinnen ist es kühl und still; es duftet nach den Gartenblumen, mit denen der Altar geschmückt ist: Rosen, Rittersporn und Agapanthus.

St. Nicholas Church ist siebenhundert Jahre alt, eine ganz gewöhnliche kleine graue Dorfkirche, aber der Pfarrer tut, was man am unteren Ende der Straße so schmählich versäumt; er erinnert an die Familie Austen und gönnt den Janeites, wie sich ihre Verehrer ganz vertraut mit der Autorin nennen, einen Ort, an dem sie sich ihrer Rührung hingeben können. »Auf der Suche nach der lieben Jane« steht im Gästebuch, »welch ein Schatz!«, »eine Inspiration«, »charmant«, »Gott ist gütig«. Man wirft fünfundzwanzig Pence in die eiserne Kasse und nimmt einen Scherenschnitt der Dame mit dem Federkiel am kleinen runden Tisch mit. Ihr Bild ist auch auf die blauen Gebetskissen gestickt, die neben den Blumen auf dem Altar liegen.

Als keckes kleines Mädchen hatte sie sich im Kirchenregister als frisch Angetraute eines Mr. Mortimer aus Liverpool eingetragen, und der Reverend Austen, der gegen einen

Gebetskissen in der Kirche St. Nicholas in Steventon

kleinen Scherz in der Kirche nichts einzuwenden hatte, war darüber hinweggegangen. In den Mauern der Apsis sind die marmornen Epitaphe der Familie eingelassen: Gedenken an die erste und die zweite Frau von James, Janes ältestem Bruder, der in St. Nicholas als Nachfolger seines Vaters wirkte, und an drei kleine Töchter ihres Neffen William Knight, dem Bauherrn des neuen Pfarrhauses, die in einer Juniwoche 1848 hintereinander an Scharlach starben: Mary Agnes, drei, Cecilia, vier, und Augusta, fünf Jahre alt.
Es war Janes Bruder Edward, der den Namen Knight in die Familie brachte. Die Austen-Kinder waren zu siebt, zwei Töchter und fünf Söhne, nein, eigentlich sechs, aber der arme George, der behindert und bei seiner Amme geblieben war, zählte nie richtig mit. Anders als die gescheiten Großen, James und Henry, die vom Vater Griechisch lernten, Verse schrieben und nach Oxford gingen, und die robusten

Bürschchen Francis, genannt Frank, und Charles, die in die Kadettenanstalt der Royal Navy in Portsmouth eintraten, war Edward eher von der praktischen, fügsamen Art und machte sich in den Ferien auf Godmersham in Kent bei seinen Verwandten, dem kinderlosen Ehepaar Knight, so angenehm, daß sie den Sechzehnjährigen adoptierten.

In Vorbereitung auf ein Leben als Landedelmann schickten sie ihn nicht auf die Universität, sondern auf Grand Tour durch Europa, in die Schweiz, nach Dresden und Rom, wo er sich in antiker Ruinenlandschaft lebensgroß abmalen ließ. Familienbande bedeuteten eben nicht nur Elternliebe, sondern auch Fortkommen in der Welt, Altersversorgung und in diesem Fall Vermögen und Ansehen. Als Alleinerbe der Knights stieg Edward zu einem der reichsten Grundbesitzer in Kent und Hampshire auf.

Nicht, daß er den Austens dabei verlorenging. Auf die Geschwister trifft offenbar zu, was Jane in *Mansfield Park* schreibt: »Kinder aus einer Familie, vom gleichen Blut, deren früheste Eindrücke und Gewohnheiten gleich sind, verfügen über Glücksmöglichkeiten, die keine spätere Verbindung bereitzustellen vermag«[4], und dazu zählte sie auch die eheliche.

Unverheiratet zu bleiben war für eine Frau ihres Standes nicht leicht, aber »es ist die Armut, die das Ledigsein in den Augen der Öffentlichkeit verächtlich erscheinen läßt. Eine ledige Frau mit nur begrenztem Einkommen muß notgedrungen eine lächerliche, unangenehme Jungfer und eine Zielscheibe des Spotts für die Jugend abgeben; aber eine alleinstehende Frau mit Vermögen ist stets achtbar und kann genauso angenehm und vernünftig sein wie jede andere

Frau«[5], sagt die wohlgeborene Emma Woodhouse, die keine Eile hat, einen Ehemann zu finden. Geld zu verdienen war einer Dame aus der Gentry fast unmöglich. Gegen Honorar Romane zu schreiben grenzte an Unschicklichkeit. Es war mit ein Grund, daß Jane Austen sich als Autorin so lange bedeckt hielt und »by a Lady« auf dem Titel ihres ersten Romans stand.

Vermutlich hat es ihr nicht an Verehrern gefehlt, denn sie tanzte gut und flirtete gern, aber offenbar gab es keinen Mann, für den sie das Schreiben hätte aufgeben können. Im Dezember 1802, während eines Besuchs bei Freundinnen auf dem Landsitz Manydown bei Basingstoke, nahm sie den Heiratsantrag des Bruders und Erben Harris Bigg-Wither an, eines etwas schwerfälligen, stotternden jungen Mannes, nur um ihr Wort nach einer schlaflosen Nacht zurückzunehmen und in größter Konfusion abzureisen. Die Ehe mit Harris hätte sie zur Herrin von Manydown und ihrer Geldsorgen ledig gemacht. »Ein sehr geringes Einkommen muß notwendigerweise den Geist einengen und die Stimmung verderben.«[6] Auch diese Erkenntnis stammt von Emma Woodhouse.

Jane war über viele Jahre ihres erwachsenen Lebens von den Zuwendungen ihrer Brüder abhängig. Das, was Edward »Zaster« nannte, begann erst spät zu fließen. Dennoch ging sie das Risiko beengter Verhältnisse und schlechter Stimmung ein. Eine Ehe war gleichbedeutend mit Schwangerschaften ohne Ende. Drei ihrer Schwägerinnen starben im Kindbett, zwei von ihnen nach der elften Geburt. Nicht doch schon wieder schwanger!, seufzt sie später über ihre Nichte Anna. Und: »Ich bin dieser vielen Kinder wirklich müde.«[7] Mrs. Deeds erwartete ihr achtzehntes. Wären hier nicht getrennte Schlafzimmer angebracht?

Austens Frauenfiguren können dem Stand der Ledigen durchaus gute Seiten abgewinnen. »Du weißt, wir müssen heiraten«, sagt eine Schwester zu der andern in *Die Watsons*. »Ich meinerseits könnte sehr gut allein leben; ein wenig Geselligkeit, hin und wieder ein netter Ball würden mir genügen, wenn man nur ewig jung bleiben könnte.« […] »Einem Mann nur wegen seines Vermögens nachzustellen ist etwas, das mich schockiert«, erwidert die andere. »Armut ist ein großes Unglück«, aber »ich wäre lieber Lehrerin an einer Schule (und etwas Schlimmeres kann ich mir kaum vorstellen), als einen Mann zu heiraten, den ich nicht gern habe.«[8] – Eine Ehe bedeutete ständige Verfügbarkeit, familiäre und gesellschaftliche Pflichten; mit dem Schreiben wäre es für immer vorbei. Dies – und vermutlich die Tatsache, daß sie den Erben von Manydown nicht lieben konnte – gaben den Ausschlag. Miss Austen blieb ledig.

Von ihren Geschwistern stand ihr die zwei Jahre ältere Cassandra am nächsten. Die beiden waren Lebensgefährtinnen und so vertraut miteinander, wie es Jane mit einem Harris Bigg-Wither niemals hätte sein können. »Sie war die Sonne meines Lebens«, sagte Cassandra über ihre Schwester. Die Ältere teilte ihre Geheimnisse, riet ab und zu, kümmerte sich um den Haushalt, pflegte sie, wenn sie krank war und hielt Jane mit ihrer Korrespondenz auf dem laufenden. Oft waren sie monatelang getrennt, wenn eine von ihnen Edward auf Godmersham in Kent besuchte. Sie wechselten sich ab, denn eine Tochter mußte immer zu Hause bei Mrs.

Austen bleiben, die gern viel Wesen um ihre Unpäßlichkeiten machte und dennoch siebenundachtzig Jahre alt wurde. In Kent hatte Edward 1779 Elizabeth Bridges, eine junge Dame von Stand, geheiratet und mit ihr eine große Familie gegründet. Jane und Cassandra waren als Stütze der Hausfrau willkommen und hielten später, nach Elizabeths Tod, elf Neffen und Nichten im Zaum. Ein wenig durften sie sich auch verwöhnen lassen. Jane konnte auf Godmersham unbehelligt schreiben. »Wachskerzen auch im Schulzimmer«[9]. An Kohlen wurde nicht gespart, es gab französischen Wein zum Dinner, und noch im September kam Sorbet auf den Tisch, weil Edwards Eishaus unerschöpflich schien. Kent ist »der einzige Ort zum Glücklichsein«, schreibt sie, »jedermann ist reich hier«.

Es müssen Hunderte von Briefen gewesen sein, die Jane und Cassandra alle drei, vier Tage wechselten, voller »wichtiger Nichtigkeiten« und in gemeinsamer Kenntnis von Lady K., Miss B. und Mr. P. Der Anteil Janes ist sprunghaft und so unliterarisch wie E-mails, oft schnell hingekritzelt, weil draußen schon ein Reiter mit dem Postsack wartete, und ohne einen Absatz, weil Papier teuer war und der Empfänger für jeden Extra-Bogen einen zusätzlichen Penny berappen mußte: Lady W. ist wieder einmal auf ihren alten Trick mit der fehlenden Gesundheit verfallen und wurde zu ihren Freunden geschickt. Die kann sie nun krank machen – Unser Ball bestand hauptsächlich aus Jervoises und Terrys; die ersteren waren vulgär, die zweiten laut – Arme Mrs. Stent, sie wird nun hoffentlich bald niemandem mehr zur Last fallen – Lady Fagg und ihre fünf Töchter waren zu Hause. In meinem Leben habe ich noch keine so häßliche

Familie gesehen, fünf so häßliche Schwestern. Und dann schnell noch etwas ganz anderes: »Mein liebstes Herzenskind ist aus London eingetroffen, am Mittwoch kam ein Exemplar.«[10] *Stolz und Vorurteil* war erschienen.

Janes Briefe stellen die einzige Quelle dar, aus der wir etwas über das familiäre Leben in Hampshire und Kent erfahren. Die meisten sind an Cassandra gerichtet. Kaum ein Schreiben an ihre Brüder ist erhalten; kaum eines an ihre Nichten oder Freundinnen, keins an ihre Verwandten in Bath oder anderswo und keine Antwortbriefe. Aber da Cassandra die wirklich würzigen verbrannte, oder Zeilen mit der Schere herausschnitt, ist darin vorwiegend von Bändern und Häubchen, von den Nachbarn und den Johannisbeeren die Rede, den ewigen Besuchsrunden, die die Frauen drehten, dem Herumsitzen, weil die versprochene Kutsche nicht kam; dann das verlöschende Kaminfeuer, das einfältige Gerede, das festgenähte Lächeln, das erst wich, wenn sie endlich fort waren und Jane Zeit hatte, die Feder einzutunken und sich in einem Brief Luft zu machen.

Jane und Cassandra teilten sich fast vierzig Jahre lang das Zimmer. Von dem, was sie sich »entre nous« erzählten, wissen wir nichts. Wir wissen überhaupt sehr wenig von ihr und stellen uns oft nur etwas vor. Nichts Biographisches dürfen wir von ihren Romanen erwarten. Als Autorin war sie zu stolz, um vom Leben abzuschreiben, und so entzieht sie auch dem, der auf ihren Spuren reist und gerne einmal die Hand auf ein Treppengeländer legen möchte – hier war es! –, fast jede Gewißheit. Die biographischen Orte sind bis auf wenige verschwunden, verändert, verborgen; die literarischen sind Erfindung. Lyme Regis, ja, Mollands

Konditorei in Bath, vielleicht. Chatsworth? Im Leben nicht. Wir reisen einem Lichtfleck hinterher.

Im Zuge des großen Austen-Revivals der letzten Jahre und Filmen wie *Geliebte Jane* oder *Miss Austen regrets*, in der die Vierzigjährige auf ihr Werk und ihre abgewiesenen Verehrer zurückblickt und sich fragt, ob es richtig war, unverheiratet zu bleiben (es war), vermischen sich Leben und Fiktion auf kundige, amüsante aber nicht ganz lautere Weise. In der Verfilmung von *Mansfield Park* (1995) spricht Fanny Price wie Jane Austen und in *Geliebte Jane* spricht Jane Austen Zeilen von Elizabeth Bennet aus *Stolz und Vorurteil*. In dieser Welt voll bildschöner Kostüme, flott dahinrollender Vierspänner und im Countrystil eingerichteter Landhäuser gibt es keine Dreckränder und keine Gänsehaut. Janes sanftmütiger Augenaufschlag hat nichts von diesem scharfen dunklen Vogelblick, den Cassandra auf dem Porträt ihrer Schwester hervorgehoben hat. Mutter Austen verfügt über ein makelloses Gebiß und gräbt im weißen Spitzenschal ihren Garten um. Im wirklichen Leben hatte sie schon mit Ende vierzig keine Schneidezähne mehr und trug einen schwarzen Bauernkittel.

Der Film muß auf Bilder vertrauen und wir, die Zuschauer, delektieren uns an den schönen Gestalten im zärtlichen Licht eines südenglischen Sommertags. Eine Reise zu den Schauplätzen, an denen Austens Romane verfilmt wurden, würde noch weiter ins Reich der Geister führen als die Spuren ihres Lebens, deshalb sollen einige nur genannt werden. Es sind berühmte Herrenhäuser, die mit ein wenig Patina geschminkt, einem angeklebten griechischen Portikus oder mit einer frisch gekiesten Einfahrt ihre Rollen spielen: Trafalgar House bei Salisbury (Hartfiel in *Emma*), Flete Estate in Devon (Barton Cottage) und Saltram House bei Plymouth (Norland in *Sinn und Sinnlichkeit*), Lyme Park in Cheshire (Pemberley in der BBC-Verfilmung *Pride and Prejudice*) oder Kilruddery House im irischen County Wicklow (der Besitz eines Mr. Wiseley in *Geliebte Jane*).

Auf den Spuren von Jane Austen reisen wir meist über ungesichertes Terrain. Um so wichtiger ist es, sich unterwegs zu stärken. Mompesson House, in der Domfreiheit der Kathedrale von Salisbury gelegen, spielt in der Verfilmung von *Verstand und Gefühl* Mrs. Jennings Londoner Stadthaus: eine Front aus dem Jahr 1701 mit zwei baumstarken Magnolien um die Haustür und ein rosen- und lavendelduftender ummauerter Garten im Rücken; Mompesson House ist kein authentischer Austen-Ort, aber hinter der Pergola liegt eine nette Teestube.

In Janes Jugend in Steventon war der geistige Proviant hausgemacht. Man las einander vor, spielte Klavier, zeichnete, veranstaltete Ratespiele, und Mrs. Austen schrieb Scherzgedichte. Die Kinder hatten alle ein Talent zu amüsieren. Schon als kleines Mädchen war Jane eine rege Beobachterin menschlicher Unzulänglichkeit und schrieb witzige und grobe Parodien auf den modischen empfindsamen Roman, oft nur wenige Seiten lang, die sie mit großer Geste ihren Brüdern oder Freundinnen widmete – »für Martha in Dankbarkeit für die Vollendung meines Musselincapes« –, und Theaterstückchen, die ihre Familie im Wohnzimmer oder in der Scheune zum besten gab. »Wozu leben wir wohl, wenn nicht um unseren Nachbarn

Anlaß zum Lachen zu geben und uns umgekehrt über sie lustig zu machen«, fragt Mr. Bennet in *Stolz und Vorurteil*. Der Reverend Austen verfolgte das lustige Gekritzel seiner Tochter mit Interesse: *Die Geschichte Englands*, von Cassandra illustriert und ihr zugeeignet, *Frederic und Elfrieda*, *Die Abenteuer des Mr. Harley*, *Die drei Schwestern* und verschiedene Spielarten von *Liebe und Freundschaft*, wie in dieser Passage: »Einviertel Stunden lang befanden wir uns in dieser unseligen Lage – Sophia fiel eines um des anderen Mal in Ohnmacht, u. ich verfiel genauso oft in Raserei. Zu guter letzt brachte ein Seufzer des unglücklichen Edward (der allein noch Zeichen des Lebens von sich gab) uns zur Besinnung. – Hätten wir nur früher geahnt, daß einer von ihnen noch lebte, wären wir mit unserem Kummer weniger verschwenderisch umgegangen.«[11]

Mit achtzehn schrieb sie *Lady Susan*, schon sehr ausgefeilt und mit einer absolut schamlosen Titelheldin. Es folgten *Elinor and Marianne*, als sie Mitte zwanzig war *First Impressions*. George Austen hielt es für so gelungen, daß er das Manuskript einem Londoner Verleger anbot, aber die Herren wollten nicht einmal Einsicht nehmen. Vielleicht hatte Jane davon geträumt, von ihrer Kunst leben zu können, aber wie enttäuscht sie auch gewesen sein mag, sie ließ sich durch die Absage nicht erschüttern. Kurz darauf begann sie *Susan* zu schreiben. Alle ihre frühen Manuskripte sollten allerdings eine lange Lagerzeit vor sich haben. *Elinor and Marianne* erschien erst sechzehn Jahre später als *Verstand und Gefühl*, im Jahr darauf *First Impressions* als *Stolz und Vorurteil*. *Susan* gab ihr Bruder Henry den Titel *Die Abtei von Northanger*, weil die Autorin die Umarbeitung auf die zu lange Bank geschoben und das Manuskript nicht zum Druck freigegeben hatte.

Jane Austen hat schon früh das literarische Terrain abgesteckt, in dem auch ihre erwachsenen Gesellschaftskomödien spielen würden: das gesittete England und die »drei, vier Familien auf dem Land; damit läßt sich trefflich arbeiten«, und darin hat niemand sie übertroffen. »Das große Wau Wau beherrsche ich wie heutzutage jeder andere auch«, schrieb Sir Walter Scott, der mit seinen historischen Romanen riesige Auflagen erzielte, »aber ihr feiner Pinselstrich ist mir versagt.« Nichts von dem, was die Welt zu ihrer Zeit bewegte, kommt in Austens Romanen vor, kein napoleonischer Krieg, keine amerikanische und keine französische Revolution, keine Seeschlachten, kein Elend und keine Gewalt, aber die Welt bricht zusammen, wenn Lydia Bennet mit Mr. Wickham durchbrennt, der sie nicht einmal heiraten will.

Im Austenschen Kammerspiel wird viel gesprochen – es scheint sich um die Hauptbeschäftigung und die stärkste Quelle der Zerstreuung in den besseren Kreisen des 18. Jahrhunderts gehandelt zu haben – und so offenbaren sich Grausamkeit in einem dahergeplauderten Wort, Dummheit in unangemessener Vertraulichkeit, sprachlose Liebe in einem angebotenen Regenschirm. Mehr ist nicht nötig und wäre auch nicht wünschenswert. Eine Frau wie Mrs. Elton, die ihren Mann »Caro sposo« nennt, ist mit so viel Vorsicht zu genießen wie der junge Mr. Churchill, der zuviel schwätzt und allzu zierlich tanzt. Sogar Mr. Darcy, der attraktivste und arroganteste ihrer Helden, verrät in *Stolz und Vorurteil* seine schiefe Haltung, als er in seiner ersten Liebeserklärung und noch ehe er Elizabeth Bennet mit seiner Herablassung beleidigt, nur von sich redet: »Ich habe vergebens gekämpft. Es nützt nichts. Meine Gefühle lassen sich nicht unterdrücken. Sie müssen mir gestatten, Ihnen zu sagen« – das heißt: Sie halten jetzt bitte den Mund! – »wie glühend ich Sie bewundere und liebe.«[12]

Miss Austen, wie haben Sie das gemacht? »Von allen großen Schriftstellern ist sie am schwierigsten dabei zu ertappen, wenn sich ihre Größe entfaltet«, schreibt Virginia Woolf. Die Szene wird als bekannt vorausgesetzt. Weder muß sie »ein langes, sinnreiches Kapitel einfügen noch einen gravitätischen Unsinn, der mit der Handlung nichts zu tun hat« und »nach dem der Leser mit gesteigertem Vergnügen zu Witz und Leichtigkeit des vorherrschenden Stils zurückkehrt«,[13] wie sie Cassandra gegenüber scherzt. Von Elizabeth Bennet erfahren wir nur, daß sie schöne Augen hat. Mr. Darcy dürfen wir uns wohl großgewachsen und gutaussehend vorstellen und Mr. Collins vielleicht von einem leichten Schweißgeruch umweht. Catherine Morland, die Heldin in *Die Abtei von Northanger* ist mit fünfzehn »ein ganz niedliches Mädchen«, das sich die Haare kräuselt. In *Emma* macht Mr. Knightley auf dem Ball in der Krone von Highbury zwischen den Dicken und Krummen eine gute Figur. Admiral Croft in *Anne Elliot* ist »ein wenig verwittert, aber nicht sehr auffallend«. Mehr wird nicht verraten, und doch ist jede Gestalt, sobald sie auftritt, sichtbar, greifbar, hörbar.

Daß Austen mehr über ihr Personal wußte, als sie den Lesern mitteilt, verriet sie einmal in einem Brief aus London, in dem sie Cassandra von den Kunstausstellungen erzählt, in denen sie sich den Spaß macht, nach den Porträts ihrer Protagonisten zu suchen. Sie findet Elizabeth Bennets Schwester Jane, die junge Mrs. Bingley, »eine außerordentliche Ähnlichkeit […] Sie trägt ein weißes Kleid mit grünen Applikationen. Ich war ja schon immer davon überzeugt, daß Grün eine ihrer Lieblingsfarben ist.«[14] Elizabeth Bennet, »Mrs. Darcy«, würde sicher Gelb tragen. Aber in keiner der Galerien findet sie etwas Passendes. »Ich kann es mir nur so erklären, daß Mr. Darcy jedes ihrer Porträts so hoch schätzt, daß er keines öffentlich ausgestellt sehen möchte. Genau so denke ich mir seine Gefühle, eine Mischung aus Liebe, Stolz und Feingefühl.«[15]

Jane Austens Perspektive sei zwar begrenzt, aber nicht eingeengt von Salon und Rasenplatz, schreibt Elizabeth Bowen. »Große Wahrheiten erwachsen aus kleinen Szenen – und deshalb bleibt keine Szene ›klein‹ unter ihrer Hand. Die Zwänge der Höflichkeit dienen lediglich dazu, die Energien ihrer Charaktere aufzustauen. Sie hat […] mit dem Irrglauben aufgeräumt, das Leben ohne den Deckel, das sich in den Küchen von kleinen Dieben, in Gefängnissen, Tavernen und Bordellen abspielt, sei notwendigerweise interessanter als das Leben mit dem Deckel drauf.«[16]

Auch im wirklichen Leben war Austens Kreis überschaubar. Zwar unterhielt der Reverend eine Kutsche mit zwei Pferden, aber es waren keine allzu edlen Rösser, da sie auch den Pflug ziehen mußten. Zu seinen Pfründen gehörten Weiden und Ackerland, zu seinem Haushalt ein Schweinestall, ein Hühnerhof, ein paar Bienenkörbe und ein großer Gemüsegarten. Ein Gentleman zu sein ersparte ihm nicht, bei seiner Verwandtschaft gelegentlich um Darlehen nachsuchen zu müssen. Für seine Töchter strebte er zweifellos vorteilhafte Verbindungen an, aber es war nicht einfach, Bewerber für junge Damen mit so wenig Mitgift zu finden. Cassandra, die hübschere von beiden, war mit einem jungen Pfarrer verlobt, der als Schiffskaplan mit der Kriegsmarine nach Westindien gesegelt und dort am Gelbfieber gestorben war. Danach hören wir nie wieder von einem Mann, der sie interessiert hätte.

In einer Zeit, in der ein Hausmädchen vier Pfund, ein Landarbeiter sechs Pfund und ein Hilfspfarrer um die fünfzig Pfund im Jahr verdienten, teilte der Reverend seiner Jane ein Nadelgeld von zwanzig Pfund zu. Das reichte gerade, um rosa Strümpfe, eine Perlhuhnfeder für den Hut, einen geknüpften Überwurf für das gute Blaue und ein Paar Handschuhe anzuschaffen. Die meisten Kleider mußten umgeändert, Hauben immer wieder neu geputzt werden, und wenn Cassandra nicht zu Hause war, ging Jane an deren Hutschachtel. »Ich habe Dein schwarzes Käppchen gebeten, mir seine Feder zu borgen, was es gerne tat, aber statt der schwarzen, militärischen Feder werde ich eine mohnrote aufstecken, weil sie schicker ist – außerdem ist Mohnrot in diesem Winter sehr in Mode.«[17]

Zusammen fuhren sie zu den öffentlichen Bällen im Angel Inn nach Basingstoke oder zu befreundeten Familien in die Nachbarschaft nach Deane, Manydown, Ashe oder Hackwood und hofften, daß »brauchbare Männer« anwesend waren und sie nicht mit anderen Fräuleins tanzen mußten. Manydown wurde abgerissen, aber Deane, das Herrenhaus der gleichnamigen Gemeinde, in der George Austen sein erstes Pfarramt innehatte, hat die letzten dreihundert Jahre

Deane House bei Steventon. Jane tanzte »zehn von zwölf Tänzen«

glänzend überstanden. Es ist ein langgestrecktes stattliches ziegelrotes Anwesen aus dem 17. Jahrhundert mit schmukken weißen Sprossenfenstern in steinernen Laibungen und hohen Schornsteinen. Es liegt zwischen großen Bäumen auf der Höhe einer leicht abfallenden Rasenbank, an deren unterem Ende der Fußweg zum Friedhof und zur Kirche von Deane entlangführt. Allerdings wird das Gelände von einem schwarzen Hund beherrscht, der auch den öffentlichen Pfad zu seinem Einzugsbereich zählt.

An einem Novemberabend 1800 tanzte Jane auf Deane »zehn von zwölf Tänzen« und nahm sich in den Pausen die anderen Gäste vor, um sie mit ein paar Federstrichen zu erledigen: »Mrs. Blount: dasselbe breite Gesicht wie im September, Diamantenhaarband, weiße Schuhe, rosa Ehemann und feister Nacken. […] Mrs. Warren hat sich zu Teilen ihres Kindes entledigt, tanzte mit großem Eifer und sah kein bißchen dick aus. Ihr Mann ist sehr häßlich.« Anwesend waren auch die beiden Erzlangweilerinnen Susan und Sally Debary, Töchter des Vikars von Ibthorpe, die Jane auch die endlosen Debarys nannte. »Ich war so höflich zu ihnen, wie es ihr schlechter Mundgeruch erlaubte.«[18]

Da sie gut zu Fuß und wie Elizabeth Bennet unbesorgt um ihren Kleidersaum war, spazierte sie ein ganzes Stück über Deane hinaus querfeldein Richtung Overtone und besuchte die Lefroys im Dörfchen Ashe. Mr. Lefroy war Pfarrer der Gemeinde, seine Frau eine von Jane sehr bewunderte kultivierte Dame, und ihr Neffe Thomas aus Irland, ein Student der Jurisprudenz, der erste Mann, in den sich Jane mit einundzwanzig verliebte.

»Ich wage gar nicht, Dir zu erzählen, wie mein irischer

Freund und ich uns benommen haben«, schreibt sie an Cassandra. »Stell Dir alles Mögliche vor, was Du Dir an verworfenem und Aufsehen erregendem Tanzen und Zusammensitzen denken kannst. Ich kann mich allerdings nur noch einmal so skandalös benehmen, denn er reist bald nach dem nächsten Freitag ab, der Tag, an dem schließlich doch noch ein Ball in Ashe gegeben wird. Ich sage Dir, daß er ein gut aussehender, angenehmer junger Mann ist, ein wirklicher Gentleman. Aber da ich ihn nur auf den letzten drei Bällen getroffen habe, kann ich sonst nicht viel über ihn sagen, denn er wird in Ashe meinetwegen so fürchterlich ausgelacht, daß er sich geniert, nach Steventon zu kommen, und weglief, als wir Mrs. Lefroy vor ein paar Tagen besuchten.«[19]

Mrs. Lefroy, die bei aller Liebe zu der reizenden, klugen Jane eine bessere Partie und eine glänzende Karriere für ihren Neffen anstrebte, sorgte dafür, daß der Ball am Freitag der letzte war, auf dem die beiden miteinander flirteten und Tom abreiste, ohne sich zu erklären. Er tat wie ihm geheißen, heiratete eine reiche Erbin, zeugte neun Kinder, von denen das älteste Jane hieß, wurde Lordrichter von Irland und dreiundneunzig Jahre alt. Als alter Herr erinnerte er sich seiner inzwischen berühmten Zeitgenossin: O ja, da war einmal etwas, aber es war nur eine Jugendliebe …

Ashe House erreicht man über die B 3400 von Steventon Richtung Overtone über eine Abzweigung rechts. Anders als das unzugängliche Ashe Park liegt es so nahe an der Straße, daß man daran vorbeigefahren ist, ehe man es richtig wahrgenommen hat: nicht sehr groß, aber wunderbar proportioniert, aus verblichenem Backstein mit einem

Ashe, Haus der Lefroys, Schauplatz einer jungen Liebe

Dreieckgiebel in der ebenmäßigen klassischen Fassade und einem Oberlicht über der Eingangstür, das wie ein halbrundes weißes Spitzendeckchen aussieht. Weiße Rosen erklimmen die Fassade, und die grünen Schwänzchen einer Glyzinie wiegen sich im Luftraum über der Hofmauer. Ashe House ist Privatbesitz, aber wenn man hier eintreten dürfte, sähe man vermutlich noch die Falttür zwischen Salon und Eßzimmer, die zusammengeschoben wurde, damit die Paare in einer Doppelreihe Aufstellung nehmen konnten. Ein Hausball war schnell arrangiert. Der Teppich wurde zusammengerollt und eine ältere Verwandte gebeten, am Piano Platz zu nehmen, so wie die Heldin in Austens Roman *Anne Elliot*, die mit siebenundzwanzig schon fast aus dem heiratsfähigen Alter heraus ist und sich von ihrem Klavierhocker aus das Gegacker und Gehüpfe der Musgrove-Mädchen um Kapitän Wentworth ansehen muß.

Die Eleganz und Würde der großen Häuser, die uns heute einen Seufzer des Entzückens kosten, erschien Jane Austen so selbstverständlich, daß sie sich mit der Beschreibung von Immobilien nicht lange aufgehalten hat. Wir wissen nicht, wie Pemberly, Northanger Abbey, Mansfield Park oder Kellynch Hall ausgesehen haben, weshalb es ein ziemlich müßiges Spiel ist, nach ihren Vorbildern zu suchen. Jeder aus den besseren Kreisen ihrer Leser wußte schließlich, wie es bei einem Gentleman zu Hause aussah. Jane Austen war die Tochter eines Jahrhunderts, dessen Ideale Klarheit, Maß und Vernunft hießen, und alles was sie erblickte, war gut gestaltet und dem Auge angenehm: die Landschaft, die Gärten, die Häuser, die Stühle, die Kaminsimse, die Teetassen und die Mode. Das viktorianische Zeitalter, in dem der Firlefanz erfunden wurde, lag noch einige Jahrzehnte voraus.

Von Mr. Darcys schönem Besitz lesen wir nur, daß er »auf ansteigendem Gelände erbaut und einem Kamm hoher bewaldeter Hügel vorgelagert« war. Nie hatte Elizabeth »einen Fleck gesehen, den die Natur schöner ausgestattet und der von schlechtem Geschmack weniger verunstaltet war«.[20] Nachdem die Reisegesellschaft dort eingetreten ist, von der Haushälterin herumgeführt wird – das Besichtigungswesen nahm zu dieser Zeit seinen Anfang – und Elizabeth Bennet »das Eßzimmer, einen großen, gefälligen und prächtig eingerichteten Raum« zur Kenntnis genommen hat, tritt sie ans Fenster, »um die Aussicht zu bewundern«, die sie mehr beeindruckt als das elegante Mobiliar. Austen, die sich von Colonel A., Lady B. und Reverend C. vielleicht einen Namen, eine Geste oder eine Marotte geliehen hatte, nahm sich auch aus deren Häusern, was sie brauchte.

Was hätte sie aus *The Vyne* bei Basingstoke mitgehen lassen können? Die große Freitreppe mit ihren klassischen Säulen, die sie hinaufgeschritten ist? Die römischen Büsten und Medaillons, die einer der jungen Milordi von seiner Grand Tour mitgebracht hatte? Den See, die Schwäne, das Sommerhaus im Park? Ihr Bruder James war für einige Zeit Pfarrer des benachbarten Sprengels und kannte den Besitzer William John Chute, der als einer der letzten Gentlemen noch gepuderte Haare und einen Zopf trug, als jüngere Herren sich längst die kurzen Locken à la Titus in die Stirn zupften. Da er Abgeordneter war, wurden seine Briefe franko befördert, ein Privileg, das Jane manchmal mitnutzen durfte.

The Vyne befindet sich heute im Besitz des National Trust, daher sind seine Salons und Gärten bedeutend besser in Schuß als zu Zeiten der Chutes, die sehr gastfreundlich, aber um polierte Dielen und sauber abgestochene Rasenkanten nicht sonderlich besorgt waren. Es ist eines dieser alten, großen, vielfach umgebauten und »verbesserten« Landhäuser, die ihre leichte Verkorkstheit mit Würde tragen. Die Gartenpforte wird von zwei steinernen Adlern bewacht, deren entrüstete Mienen Jane Austen nicht entgangen sein dürften. Der Rückfront zum See steht ein griechischer Portikus vor, der eine vergleichsweise bürgerliche Tür und sehr viel grau verputzte Mauer rahmt.

Vielleicht war es auch weniger die Freitreppe, die Jane Austen an sich nahm, als das Schicksal des kleinen Mädchens, das in *The Vyne* aufwuchs. Caroline Wiggett, einer armen Cousine Kind, war mit drei Jahren zu Onkel und Tante Chute gekommen und führte in dem großen, unheizbaren, zugerümpelten Haus fern ihrer Geschwister eine ähnlich trübe Existenz wie Fanny Price in *Mansfield Park*. Ihr Kinderzimmer war die mit geschnitztem Faltwerk getäfelte Oak Gallery aus dem frühen 16. Jahrhundert, an deren Ende ein einsames Schaukelpferd stand. Die Chutes gaben ihre Gesellschaften nur im Sommer, denn im Winter waren die Karrenwege so tief ausgefahren, »daß man mich in den Furchen hätte begraben können«, schreibt Caroline Wigget.

Weniger gut davongekommen als *The Vyne* ist ein kleines Herrenhaus in Ibthorpe bei Hurstbourne Tarrant in Nord Hampshire, wo Jane oft wochenlang bei ihren Freundinnen Martha und Mary Lloyd zu Besuch weilte: Ibthorpe Manor Farm, ein zweistöckiges backsteinrotes Haus am Dorfrand, das den Cottages mit ihren Reetdächern elegant, aber durchaus zugänglich benachbart ist. Bis ins 20. Jahrhundert zeigte Manor Farm auch noch die gefällige Ausgewogenheit und das freundliche Gesicht, das den Damen Lloyd ebenfalls eignete. Im Jahr 2008 hat sich die Zahl der Fenster jedoch wundersam verdoppelt, zur Rechten wurde ein niedriger Flügel angebaut und im Rücken bahnt sich ein größeres architektonisches Vergehen an. Den ausgehängten Zetteln an der verrammelten Baustelle ist zu entnehmen, daß eine Genehmigung für Schönheitsreparaturen an dem denkmalgeschützten Haus beantragt wurde: zwei Dachfenster sowie eine Zwischenwand im Schlafzimmer der ersten Etage. Errichtet wurde jedoch ein Anbau, der fast ebenso groß wie das alte Haus ist, und dessen

Dachkonstruktion in Form einer aufgeklappten Schachtel sich mit einem Rest von Scham hinter dem alten Walmdach verbirgt.

Nigel Nicolson, der vor zwanzig Jahren auf den Spuren von Jane Austen reiste, schreibt über Ibthorpe Manor Farm, die architektonische Gestalt des Hauses sei zutiefst befriedigend in ihrer Anordnung der Fenster, der Tür und des Dachs, ein Stil, der zweihundert Jahre gebraucht habe, um sich zur Vollkommenheit zu entwickeln. »Es ist Longbourn, es ist Hartfield, es ist Barton Cottage, und doch ist es keins dieser Häuser. Es stellt einfach die Summe all dessen dar, was Jane Austen als die Ehrbarkeit und das Vergnügen beschrieben hat, die das Landleben ausmachen.«[21]

Glückliches Britannien! Daß es darin auch Leute gab, die das Brot nicht bezahlen konnten, die aufgehängt wurden, weil sie Korngarben angezündet, eine Unterschrift gefälscht, ein Huhn gestohlen hatten – oder, wie es Janes Tante später drohte, weil sie angeblich in einem Laden ein Stück Spitze hatte mitgehen lassen –, nahmen die Herrschaften kaum zur Kenntnis. Strafe mußte sein! Das Rechtsempfinden unterschied sich damals ganz außerordentlich von dem heutigen. Selbst lässige Eigentumsdelikte wurden mit den härtesten Bußen belegt, während versuchter Mord glimpflich davonkam. Eine reiche Erbin zu entführen, galt als Schwerverbrechen, da sie ja ein wandelndes Vermögen darstellte,[22] während Kindsraub nicht einmal strafwürdig war. Im Licht der Gesetze gewinnt auch Harriet Smiths Begegnung mit den zudringlichen Zigeunern in *Emma* eine ganz andere Bedeutung. Wir lächeln vielleicht über die Jungfer Zimpf, die nach dem überstandenen Abenteuer in Ohnmacht sinkt, aber zu ihrer Zeit stand schon auf das Sprechen mit solch kriminellen Elementen die Todesstrafe. Die Episode ist eine der wenigen, in denen Jane Austen die besseren Kreise verläßt. In ihren Romanen spielt das Leben der Landarbeiter, Matrosen, Kutscher oder das des Personals hinter der stoffbespannten grünen Tür kaum eine Rolle (und das der Diebe, Betrunkenen und Dirnen, die Elizabeth Bowen eines ungezügelten Daseins verdächtigte, schon gar nicht). Dienstboten waren wie Möbel; man konnte sie getrost übersehen. »Die ersten köstlichen Minuten der Wiedersehensfreude verliefen ungestört und ohne Zeugen; es sei denn man sah die Diener als solche an«, schreibt sie über das glückliche Wiedersehen von Fanny Price mit ihrem zur See fahrenden Bruder, dem jungen Leutnant William Price in *Mansfield Park*.[23] Im wirklichen Leben der Austens hatte das Personal durchaus Namen wie ihr Faktotum James, Edwards Diener Thomas oder die Hausmädchen Sally, Phebe, Molly, Jenny, und es hatte Aufgaben wie »John Steevens Frau«, die zum Reinemachen bestellt war – »die aber nicht so aussieht, als ob irgend etwas, das sie anfaßt, sauber wird«.[24]

Nur den Gouvernanten schenkte Austen manchmal mehr als eine Zeile lang Beachtung. Es war der einzige Beruf, den Damen aus der Gentry ergreifen konnten, und obwohl sie ja »von Stand« waren, stellten sie eher Dienstboten als Respektspersonen dar und waren den Launen der Herrschaft und ihrer Gören ausgeliefert. Arme Miss Allen, die im April 1813 ihren Posten auf Godmersham angetreten hatte. Wie lange würde sie durchhalten? »Sie tut mir leid, obwohl es doch meine Nichten sind.«[25] In *Emma* findet

Jane Fairfax, eine junge Frau, die den schwachen Nerven und dem Eheversprechen ihres Verlobten Frank Churchill nicht zu trauen wagt, starke Worte über ihre Aussichten: »Es gibt Unternehmen in der Stadt, die zwar nicht mit Sklaven, aber mit menschlicher Intelligenz handeln.« »Oh, meine Liebe, Sklavenhandel! Sie jagen mir direkt einen Schrecken ein, Mr. Suckling war schon immer für dessen Abschaffung.« »Ich dachte keineswegs an Sklavenhandel«, erwiderte Jane, »ich versichere Sie, Erzieherinnen-Handel war alles, was ich im Sinn hatte.«[26]

Die Bildung der Austen-Töchter war wohl zu lückenhaft für eine Laufbahn als Gouvernanten. Mrs. Austen hatte die kleinen Mädchen zu Hause unterrichtet. Das Institut, das sie danach besuchten, war von der Sorte »wohin man Mädchen schickt, damit sie aus dem Weg sind und sich ein bißchen Bildung zusammenkratzen, ohne Gefahr zu laufen, als Wunderkinder nach Hause zurückzukommen«.[27] George Austen, der im Pfarrhaus seine und die Söhne anderer Gentlemen bildete, ließ sie jedes gewünschte Buch in seiner umfangreichen Bibliothek lesen, und sie waren Abonnenten der lokalen Leihbücherei.

»Wir sind begeisterte Romanleser und schämen uns dessen nicht«, schrieb Jane zu einer Zeit, als das Schmökern im Verdacht stand, Frauenhirne gefährlich zu erhitzen: *Tom Jones* von Fielding, *Tristram Shandy* von Sterne, *Camilla* von Fanny Burney, *The History of Sir Charles Grandison* von Richardson, die Jane zu einem chaotischen Theaterstück verkürzte, Cowper, Crabbe, Shakespeare, Johnson, Byron, aber auch die Schauerromane von Ann Radcliff wie *Die Geheimnisse des Udolpho*, über die sie sich später in der *Ab-*

tei von Northanger hermachen sollte –, es ging quer durch die englische Literatur. »Wer an einem guten Roman keine Freude findet, muß unerträglich dumm sein […] *Die Geheimnisse des Udolpho* las ich in einem Zug, in zwei Tagen, und mein Haar stand die ganze Zeit zu Berge«,[28] spöttelt Henry Tilney. Andere Fächer oder etwas mehr Systematik waren offenbar nicht vorgesehen. Jane Austen war belesen, kultiviert, aber vermutlich lag sie nicht so weit daneben, als sie sich später einmal »in aller Eitelkeit« rühmte, »die ungebildetste und unwissendste Frau zu sein, die es je gewagt hat, Schriftstellerin zu werden«.

Am Royal Crescent in Bath wohnt jeder Mieter in seinem eigenen Palast

Bath

Als der Reverend Austen im Dezember 1800 seinen Töchtern eröffnete, er habe beschlossen, nach Bath zu ziehen, geriet Jane außer sich. Sie kannte die Stadt von Besuchen bei ihren Verwandten mütterlicherseits, den Leigh-Perrots, und war immer sehr angeregt von dem gesellschaftlichen Auftrieb und den Besorgungen in den Modegeschäften heimgekehrt. Aber Steventon samt all ihren Besitztümern, den Büchern, den Bildern und dem Piano, aufgeben und für immer in die Stadt ziehen? Ein schrecklicher Gedanke. Bath, zwischen sieben Hügeln gelegen, hatte erst zu Beginn des 18. Jahrhunderts seine mittelalterlichen Gassen rund um die Abteikirche niedergelegt und war in schön gegliederten palladianischen Straßenzügen und geschwungenen Terrassen aus blondem Bath-Stein wieder auferstanden. Einige Häuserzeilen wie Camden Place waren so gewagt an den Abhang gebaut, daß ihr Endstück irgendwann in die Tiefe stürzte. Dort oben läßt Jane Austen in *Anne Elliot* den eitlen Sir Walter Elliot Wohnung nehmen, einen Herrn von Konsequenz, der weit über seine Verhältnisse gelebt hatte und sich nun ein wenig einschränken mußte, eine Kunst, von der die Austens allerdings mehr verstanden als Sir Walter.

Bath, als georgianisches Ensemble Weltkulturerbe der UNESCO, verdankt seinen großen Wurf den beiden Architekten John Wood. Der jüngere Wood hatte 1767 den Royal Crescent gebaut, der dreißig Häuser durch einhundertvierzehn ionische Säulen verband und der als halber Mond noch eleganter war als der volle, den sein Vater, John Wood der Ältere, unweit davon als Royal Circus errichtet hatte. Während der Circus eine kreisrunde Arena einschließt, über die heute riesige Platanen ragen, blieb der Royal Crescent mit seiner weiten Rasenfläche, dem Bowling Green und seiner Öffnung zum Tal des Avon eine konkurrenzlos erste Adresse. Trotz des Reihenhauscharakters kann sich dort jeder Mieter einbilden, er lebe in seinem eigenen Palast.

In Bath stiegen bereits die Römer ins Warmbad. Im Mittelalter waren die Quellen fast vergessen, doch unter Königin Anne kam die Kur 1704 wieder in Schwung. Vor zweihundert Jahren waren dann die Promenade in der Brunnenhalle, dem Pump Room, und das Eintauchen im großen Becken der von Säulen und Arkaden gerahmten offenen Königstherme Vorwand für eine nicht ausschließlich kurbedürftige aber vergnügungssüchtige Gesellschaft, sich zur Saison in Bath einzufinden und ihre unverheirateten Töchter an den Mann zu bringen.

Eine Kur war schon immer etwas, das man sich am besten selbst verschrieb, und ein bißchen Schlendrian, ein bißchen Langeweile, ein bißchen Einkaufen und ein bißchen Erotik verfehlten selten ihre Wirkung. Darüber hinaus konnte das Wasser von Bath vermutlich nicht schaden. Es ist das heißeste in Großbritannien – an die sechsundvierzig Grad – und enthält dreiundvierzig Mineralien, vor allem Kalzium und schwefelsaures Salz, Natrium, Chlorid und Eisen. Die Ärzte des 18. Jahrhunderts empfahlen es gegen Gicht, Verkalkung, Krätze, Bleivergiftung, Lethargie und Wackelkopf, und obwohl Ungezählte wieder munter nach Hause reisten, blieb es der modernen Wissenschaft überlassen, seine vollständige Wirkungslosigkeit zu diagnostizieren. Es sei nicht besser als heißes Leitungswasser. So kann man sich irren.

Als die Austens nach Bath zogen, befand sich die Stadt in ihrer späten Blüte. Wenige Jahre später entschied der Prinzregent, daß es in Brighton weitaus amüsanter sei, und die besseren Herrschaften folgten ihm an die Kanalküste. Zurück blieben pensionierte Offiziere und vernunftlose Gattinnen wie Mrs. Allen, die sich in der *Abtei von Northanger* jeden Tag aufs neue darüber beschwert, daß in der Brunnenhalle nur noch unerträglicher Plebs und keine einzige elegante Erscheinung mehr verkehre. Ach, Mrs. Allen, könnten Sie die Anoraks des 21. Jahrhunderts sehen! Eine kleine Schlange von Touristen hat sich am Geländer vor dem Trinkbrunnen gebildet, dessen Wasser, wie Charles Dickens schreibt, nach lauem Bügeleisen schmecke. Überfließend gurgelt es vier auf ihren Schwanzspitzen balancierenden eisernen Fischen in die Schlünde und wird von einem Fräulein in Häubchen und Mieder den Unerschrockenen für fünfzig Pence pro Glas gereicht. Jane Austen mochte daran genippt haben; ins Bad gestiegen ist sie nie.

Ihre erste Begegnung mit Bath waren sechs Wochen Ferien im Jahr 1799. Mit ihrer Familie wohnte sie auf der Südseite des Queen Square. Die Nordseite wird von einer durchgehenden Häuserfassade mit einem zentralen Giebel geprägt und sieht wie ein langgestrecktes großes Palais mit zwei prominenten Ecken aus, deren zwei Stockwerke von korinthischen Säulen getragen werden. Die Austens nahmen in Nr. 13, einem Eckhaus, auf der billigeren Seite des Platzes Quartier, dennoch fand Jane die Aussicht aus dem Salonfenster sehr viel heiterer als bei Onkel Leigh-Perrot, dem Bruder von Mrs. Austen, und seiner übellaunigen Frau in The Paragon, einer steilen, grünlosen Durchgangsstraße. Ihr Blick fiel auf drei große Schwarzpappeln im Garten des letzten Hauses von Queens Parade. Der Vorteil einer weniger imposanten Adresse ist ja oft, daß man architektonische Glanzstücke vor Augen hat, während deren Bewohner aus ihren Fenstern auf mindere Fassaden blicken dürfen. »Nun, für sechs Wochen ist Bath ganz unterhaltsam; aber darüber hinaus der langweiligste Ort auf der Welt«,[29] behauptet Henry Tilney in *Die Abtei von Northanger*, aber Catherine Morland seufzt: »Ach, wer kann Bath überdrüssig werden!« Am Ende sollte allerdings Mr. Tilney Recht behalten.

Das erste Haus, das die Austens mit ihren beiden Töchtern 1801 bezogen, lag am Sydney Place. Damals verlief hier die Stadtgrenze, dennoch war die Adresse keine Randlage, sondern eine höchst angemessene Bleibe für einen pensionierten Geistlichen. Er verfügte über sechshundert Pfund im Jahr, von denen sie sich nach Janes Worten »eine Köchin und ein albernes junges Hausmädchen« leisten konnten, »dazu einen gesetzten Mann mittleren Alters, der das zwiefache Amt des Ehemanns bei der einen und das des Liebhabers bei der anderen versehen soll«.[30] Von Sydney Place geht man in zehn Minuten durch die breite Great Pulteney Street zum herrschaftlichen Laura Place und weiter zur Pulteney Bridge über dem Avon. Meilen von schwarzen Staketenzäunen begleiten zu beiden Seiten die klassischen Fassaden. Die Bürgersteige waren gepflastert, so daß die Säume nicht im Straßenkot schleiften, und eine Kurverwaltung trug Sorge, daß keine toten Katzen im Rinnstein herumlagen und die Sänftenträger sich gegenüber der Kundschaft eines zivilisierten Betragens befleißigten.

Die Great Pulteney Street ist noch immer eine Augenweide; die alten Sänften stehen aufrecht wie Särge mit Fensterscheiben hier und da zur Dekoration im Eingang; die schwarzen gußeisernen Tüten, in denen die Fackelträger ihr Licht löschten, ragen noch immer neben manchen Haustüren aus der Mauer. Am Ende der Sichtachse stadtauswärts füllen die Sydney Gardens und das Holbourn Museum den Ausblick. Das stattliche Haus hinter den Parktoren war zu Austens Zeit ein Hotel. In dem weitläufigen Grün gab es Galas mit Konzert und Feuerwerk, und wer keine Lust hatte, zu Hause zu essen, fand dort Gelegenheit, sich zu verköstigen. Öffentliche Frühstücke und Nachmittagstees waren Tradition in Bath. Statt des freudlosen weißen Kekses, dem »Bath Oliver«, den die Ärzte ihren vom Wohlleben gezeichneten Patienten verschrieben, brach man dort die feinen Brioches, deren Rezept eine junge Hugenottin namens Solange Luyon 1680 mitgebracht hatte und die dem Gast heute noch als »Sally Lunn«, etwa in Form eines Jane Austen Cream Tea – »ein halbes getoastetes Sally Lunn mit Himbeergelee und dicker Sahne« – in der Bäckerei im ältesten Haus der Stadt in North Parade Passage hinter der Abtei serviert werden.

In Bath sollten die Austens vier Jahre lang ein unstetes Leben führen. Nach dem Tod des Reverends verbrachten sie das fünfte Jahr in vornehmer Ärmlichkeit und zogen in immer bescheidenere Wohnungen, bis sie kaum noch den Zucker und die Makronen bezahlen konnten, wenn mehr als zwei Freunde zum Tee kamen. Von den sechs Adressen, die Jane in Bath wechselte, trägt nur Sydney Place Nr. 4 eine Plakette mit ihrem Namen. Das Haus ist heute in Studentenbuden eingeteilt und nicht mehr ausgesprochen elegant. Drei Jahre später zog die Familie nach Green Park Buildings Nr. 27. Dort starb der Reverend im Januar 1805. Er wurde in der Kirche St. Swithin beigesetzt, in der er einundvierzig Jahre zuvor Cassandra Leigh geheiratet hatte. Für seine Frau und seine Töchter hatte er nichts zurückgelegt, und statt sechshundert Pfund verfügten sie nur noch über zweihundert. Die Brüder legten zusammen, um ihr »geliebtes Trio« zu unterstützen, aber als Henry bankrott ging, Edward einen Erbschaftsprozeß auszufechten hatte, Frank in Friedenszeiten auf halben Sold gesetzt wurde und Charles keine feindlichen Schiffe aufbrachte, wurde es für alle knapp.

Wie zuwider Jane die Rolle der armen Base war und wie kränkend die Bedingungen, geht aus ihren Briefen hervor. So ließen sie die Leigh-Perrots jeden Gefallen spüren. Die Tante, die ihren Geiz und ihr unerfreuliches Temperament möglicherweise an Tante Norris in *Mansfield Park* weitergegeben hat, versprach Jane einen neuen Hut, konnte sich aber nicht dazu durchringen, ihr das Geld dafür zu geben. Wollte sie ihn etwa selbst aussuchen? Sie kündigte an, ihr den Eintritt zu einem Konzert in Sydney Gardens zu bezahlen, aber nur wenn sie eine angemessene Begleitung fand. Jane verzichtete. Aus Southampton schreibt sie später über eine herablassende neue Bekannte: »Sie leben in großartigem Stil und sind reich, und ihr schien es sehr zu gefallen, reich zu sein. Wir gaben ihr zu verstehen, daß wir weit davon entfernt seien. Sie wird daher bald zu der

Ansicht gelangen, daß wir ihrer Bekanntschaft nicht würdig sind.«[31]

Zwei Austen-Romane spielen in Bath – *Die Abtei von Northanger* und *Anne Elliot* –, aber in der Zeit, die sie dort verbrachte, hat sie kaum etwas geschrieben. *Die Watsons* bricht nach fünf Kapiteln ab. Offenbar fehlte es der Autorin an dem ländlichen Equilibrium von Steventon, der Ruhe, der Sorglosigkeit, der guten Laune. Vielleicht wollte sie sich auch nach der Zurückweisung von *First Impressions* nicht mehr so bald hervorwagen. Durch Henrys Vermittlung fand ihr Manuskript *Susan* 1803 zum Londoner Verlag Crosby & Co. Der zahlte zehn Pfund Vorschuß und ließ nie wieder von sich hören. Vermutlich hatte ein Lektor beim näheren Hinsehen festgestellt, daß die Geschichte keineswegs in die erfolgreiche Abteilung Schauerroman paßte, sondern das Genre und seine Leserinnen gründlich veralberte. *Susan* sollte erst 1818 als *Die Abtei von Northanger* zusammen mit *Anne Elliot* und einer *Biographischen Notiz* aus Henrys Feder erscheinen.

Obwohl sich die Eltern Austen offenbar Hoffnungen gemacht hatten, in Bath ihre Töchter unter die Haube zu bringen, stellten sich keine Verehrer für Cassandra und Jane ein. Die beiden gingen zu Teegesellschaften und spazierten zum Beechen Cliff über dem Avon, zu »jenem schönen Hügel, dessen köstliches Grün und ansteigende Waldungen ihn so augenfällig hervortreten lassen, gleich von welchem Punkt Baths man ihn auch wahrnimmt«[32] und den auch Henry Tilney in *Die Abtei von Northanger* ansteuert, um zu den Damen seiner Gesellschaft über Kunst zu sprechen. Die ahnungslose Catherine Morland blamiert sich bei dieser

Gelegenheit, als sie kühn behauptet, die ganze Stadt Bath sei einer Landschaft unwürdig. In Wirklichkeit ist Bath, das dem Beechen Cliff und der Sonne seine sichelförmigen Häuserzeilen zuwendet, von wunderbarer Homogenität, aber es kann nicht immer schönes Wetter sein, und dann ist das Licht in den gelben Steinen erloschen. Es überwiegt die Farbe Beige, die niemals zur guten Laune beiträgt.

Onkel und Tante Leigh-Perrot begleiteten die jungen Damen zu den Bällen in den Assembly Rooms beim Circus, die sich heute museal weiß und golden, aber ohne Festgesellschaft fast so »schockierend & unmenschlich« präsentieren, wie im Mai 1801, als hier nur vier Paare tanzten – »stell Dir vor, vier Paare in den Upper Rooms von Bath und hundert Leute, die zuschauen!«[33] Als Catherine Morland in den Assembly Rooms auf ihren ersten Ball geht, ist in der wogenden Menge kein Durchkommen, aber da sie und Mrs. Allen niemanden kennen und von keinem Herrn beschützt werden, weil Mr. Allen sich gleich zu den Kartenspielern verdrückt hatte, findet Catherine auch keinen Tänzer. »Mrs. Allen tat das in einem solchen Fall Mögliche. Sie sagte immer wieder: ›Ich wünschte, du könntest auch tanzen liebes Kind – ich wünschte, du fändest einen Partner!‹ Eine Zeitlang war ihre junge Freundin für diese Anteilnahme dankbar ...«[34] Catherine bleibt sitzen und nur die Bemerkung zweier fremder Herren, die sie ein hübsches Mädchen nennen, rettet den Ball vor dem Absturz.

Auch die beiden Misses Austen haben offenbar nicht viel getanzt. »Wieder so eine alberne Gesellschaft gestern abend«, schreibt Jane. Sie bestand aus Admiral Stanhope, dessen Rockschöße zu lang für seine kurzen Beine waren,

Miss Langley mit der großen Nase und dem halbnackten Busen, Mrs. Chamberlayne, die man höchstens für ihre perfekte Frisur bewundern konnte, einer dumm und selbstzufrieden aussehenden Ehebrecherin mit zuviel Rouge auf den Wangen, und Mrs. Badcock, die hinter ihrem betrunkenen Mann herrannte. »Seine Ausweichmanöver, ihre Verfolgung und die vermutliche Bezechtheit der beiden waren ein erheiterndes Schauspiel.«[35] Auch Onkel Leigh-Perrot, der die Väter der Schriftstellerinnen Maria Edgeworth und Fanny Burney kannte, brachte keinen Kreis interessanter Menschen zusammen. Es schien überhaupt an jungen Leuten gemangelt zu haben, und die wenigen, die sich ihnen anschlossen, konnten es Jane selten recht machen.

Die Wege von Jane Austen und Fanny Burney, der späteren Madame d'Arblay, Englands erster Bestseller-Autorin, haben sich oft berührt, aber es ist ungewiß, ob sich die beiden jemals tatsächlich begegnet sind. Jane wäre der »Frau, um die man so viel Wesen macht. Wissen Sie, die den französischen Emigranten geheiratet hat«,[36] vermutlich gern vorgestellt worden. Als junges Mädchen hatte sie Burneys Romane *Evelina* und *Cecilia* mit Begeisterung gelesen und sich neben dem Titel *Stolz und Vorurteil*, einem Zitat aus *Cecilia*, auch etwas vom Handwerkszeug der Älteren ausgeborgt: die weibliche auktoriale Stimme, die satirischen Seitenhiebe und die Technik, Handlung allein durch verräterische Monologe und Dialoge voranzutreiben. Als erfolgreiche Autorin scherzt sie später, sie habe es noch nicht aufgegeben, von Sir Joshua Reynolds porträtiert zu werden, oder vielleicht den jungen Mr. d'Arblay zu heiraten, Fanny Burneys Sohn, der zwanzig Jahre jünger als sie war. (Es ist

einer dieser zwischen Hütchen und Täschchen hingeworfenen Halbsätze in einem Brief an Cassandra, die zu endlosen, fruchtlosen Spekulationen einladen.)
Ihre Wege hätten sich in Bath kreuzen können oder in Surrey, wo Janes Patenonkel, der Reverend Samuel Cooke, zwanzig Jahre lang als Pfarrer von Great Bookham bei Dorking amtierte. Box Hill, Schauplatz des mißglückten Picknicks in *Emma*, liegt in Sichtnähe. Auf der anderen Seite des Hügels, in Juniper Hall, hatte Fanny Burney ihren französischen Emigranten, den Comte d'Arblay, kennengelernt, der dort mit einer kleinen Kolonie Königstreuer, darunter General Narbonne und Madame de Staël, Zuflucht gefunden hatte. Bis 1802 lebten die d'Arblays in der Nähe von Great Bookham mit den Cookes als »ausgezeichneten Nachbarn«, wie Madame in ihrem Tagebuch vermerkte. Der Reverend taufte ihren Sohn Alexander 1794 in seiner kleinen Kirche, ein gesellschaftliches Ereignis, das Mrs. Cooke ihren Verwandten in Steventon vermutlich nicht vorenthielt. Madame d'Arblay überlebte Jane Austen um über dreißig Jahre. Sie starb in Bath. In letzter Nachbarschaft liegt sie in dem kleinen grünen Zwickel von Friedhof vor der Kirche St. Swithin zwischen Walcot Street und The Paragon, in der auch der Reverend George Austen begraben ist.
Von Jane Austen weiß man, wann sie wohin gezogen ist. Unter welcher Hausnummer ihr Romanpersonal logierte, verrät sie allerdings nicht, und der gewöhnliche Leser muß sich mit Straßennamen begnügen. Lady Dalrymple hatte für drei Monate ein Haus am Laura Place gemietet: die Allens wohnten behaglich in der Pulteney Street, Lady

Russell irgendwo in der River Street; Mrs. Smith konnte sich nur die bescheidenen Westgate Buildings leisten. Eine der wenigen festen Adressen wie das White Hart Inn am Pump Yard, dem ehemaligen Abbey Churchyard, in dem die Musgroves abstiegen, wurde schon vor hundertvierzig Jahren abgerissen.

Für eine verwitwete Vicomtesse wie Lady Dalrymple war natürlich nur das Beste gut genug. Ein eleganter Haushalt ihres Stils läßt sich heute in beispielhafter musealer Form am Royal Crescent Nr. 1 besichtigen: goldfarbene Tapeten und passende Raffgardinen im Salon, Sheratonmöbeln, Fortepiano und ein Allan Ramsey über dem Kamin aus Carrara-Marmor; das Speisezimmer mit der zum Dessert gedeckten Tafel: Kelche mit Eiercreme, eine Etagere mit bunten Makronen, kandierten Früchten, Baiser, Nüssen und einer Ananas – Leckereien, die sich die Austens nicht leisten konnten –, bis hinunter in die große Küche, in der eine Schar von Bediensteten (einschließlich eines Hundes in einem Laufrad, dem man Feuer unter dem Schwanz machte, damit er den Bratspieß rotieren ließ) den ganzen Tag damit beschäftigt war, die Herrschaften in der Beletage zu erfrischen, zu wärmen und zu beleuchten.

Wer sich die Suche nach den biographischen und literarischen Orten mit dem Stadtplan in der Hand sparen will, schließt sich einfach einer Austen-Führung an, die ihn geradewegs in die richtigen Straßen geleitet, die für Leben und Werk bedeutsam waren. Die Gruppe versammelt sich zwischen der Abtei und dem Pump Room, wo im Mittelalter der Friedhof lag und sich heute zur Belustigung der Touristen eine neue Art von Abgrund auftut. Akrobaten in rosa Tutus und mit Glühlämpchen zwischen den Hinterbacken stehen Kopf und schlagen sich gegenseitig Schaumgummikeulen um die Ohren. Hinter den hohen Fenstern des Pump Room trägt man gerade den Nachmittagstee auf. Früher sind die Gäste dort mit dem heilig nüchternen Wasser in der Hand gewandelt, heute tun sie sich an Schinkenbrötchen und Eclairs gütlich. Ein Trio in schwarzweiß spielt Melodien von Gilbert & Sullivan, die im Röhren des Publikums rund um die Akrobaten untergehen.

Vom Abbey Churchyard sind es nur ein paar Schritte zu den Kolonnaden von Bath Street. »Und hier an der Ecke, genau an dieser Stelle hat Kapitän Wentworth Anne Elliot geküßt«, sagt der Führer, ein älterer Herr im verbeulten Tweedjacket, der das alles schon hunderttausendmal erzählt hat. »Jagt Ihnen das nicht einen Schauer über den Rücken?« Ein Blick in blanke Gesichter. »Na, vielleicht auch nicht.« Es war ja auch nur ein Filmkuß in *Persuasion* zwischen Amanda Root und Ciaran Hinds. Bei Austen, das weiß man, wird nicht geküßt. Ein Blick, ein Erröten, ein Lächeln, ein gereichter Arm, und als nächstes erfahren wir, daß Anne Elliot als Frau von Kapitän Wentworth auch »Herrin über einen hübschen kleinen Landauer«[37] geworden ist.

Doch werfen wir, unter den Kolonnaden stehend, noch einen Blick auf das kleine Hetling Bad. Janes Bruder Edward Knight unterzog sich dort im Juni 1799 der Kur. »Es ist so traurig, daß er, der alles hat, was man sich auf Erden wünschen kann, nicht auch Gesundheit besitzt«,[38] bedauerte Jane. »Edward trank täglich sechs Flaschen Wein«, weiß der Führer aus nicht genannter Quelle. Portwein wurde damals

Im Pump Room fließt heilig nüchternes Wasser. Nachmittags gibt es Tee und Kuchen

mit Blei gesüßt, und Edward litt unter Magenschmerzen und Gicht. Am ersten Tag trank er eine Gallone – viereinhalb Liter – Säuerling, am zweiten stieg er bis zum Hals hinein, am dritten versuchte er es mit Elektrotherapie, die ihm den Rest gab. Zurück in Kent, wurde wieder der Port um den Tisch gereicht.

Die Austen-Spurensucher wenden sich zurück zum Pump Room, und dort, an der Ecke gegenüber, lag »Smiths«, das Geschäft, in dem Tante Leigh-Perrot des Ladendiebstahls bezichtigt worden war. Ein Kurzwarenhändler hatte zu ihren Einkäufen ein Stück Spitze mit eingewickelt, das sie nicht bezahlt hatte. Nein, es war kein Irrtum, sondern versuchte Erpressung, aber Mrs. Leigh-Perrot weigerte sich zu zahlen, und der Fall wurde amtlich. Sie saß acht Monate in Untersuchungshaft, und was sie dort an Unbequemlichkeit litt, teilte die Familie als Schande. Eine vornehme und prinzipienstarke Dame von sechzig, die mauste! Auf Diebstahl, und sei es ein Stück Spitze im Wert von fünf Schilling, stand die Todesstrafe oder Deportation. Die Gefahr, daß man Mrs. Leigh-Perrot aufhängte, war vergleichsweise gering, aber vierzehn Jahre Australien lagen durchaus im Rahmen des Strafmaßes. Weil sie eine Dame war, kam sie am Ende mit der Untersuchungshaft davon. Der Richter hielt sie für unschuldig, weil sie reich sei und es deshalb nicht nötig habe zu stehlen. So etwas nennt man wohl Standesjustiz.

In der Cheap Street wird die Gruppe vom Durchgangsverkehr aufgehalten. »Aber hier müßte Ihnen nun doch ein Schauer über den Rücken laufen!«, denn hier, unter dem Torbogen, sind wir mitten in der *Abtei von Northanger*. Der Führer kennt den Anfang des siebten Kapitels auswendig: »Wer schon einmal in Bath war, wird sich der Schwierigkeiten erinnern, die das Überqueren der Cheap Street an dieser Stelle bietet. Diese Straße ist tatsächlich so heimtückisch, daß kein Tag vergeht, an dem nicht ganze Gruppen von Damen durch Kutschen, Reiter und Wagen in ihren wichtigsten Besorgungen aufgehalten werden, die darin bestehen, noch einiges Gebäck einzukaufen, nach einer Putzmacherin oder – wie in diesem Falle – nach zwei jungen Männern auszuschauen.«[39]

Die Fuhrwerke sind andere, aber man kann in Cheap Street noch immer so leicht unter die Räder geraten wie Miss Thorpe und Miss Morland. Aus der Innenstadt ist der motorisierte Verkehr weitgehend verbannt. Er klötert und knurrt durch zwei, drei Passagen: Autos, Motorräder, Busse, Kehrmaschinen und immer rundherum zwei Knaben auf einem Moped mit abgesägtem Auspuff. »Kein Schauer über den Rücken? Mmh, offenbar nicht.«

Durch das Viertel um die Abtei mit seinen Gassen, Gängen und Kolonnaden, das sich vorzüglich für drohende Zusammenstöße und clandestine Begegnungen eignet, jagt Austen ihr Personal mit wachsendem Vergnügen. Hier verschwindet Mrs. Clay nach einem Händedruck mit Mr. Elliot, hier prüft Sir Walter die Damen von Bath und findet unter siebenundachtzig Vorübergehenden kein einziges annehmbares Gesicht. Bergauf in Milsom Street liegt seit Wochen ein Hut mit mohnroten Bändern im Schaufenster, nach dem es Isabella Thorpe verlangt; an der Ecke von Quiet Street kehren die Damen Elliot in Mollands Konditorei auf eine Tasse Schokolade ein, und Anne erblickt mit freudigem Erschrecken Kapitän Wentworth, der unter einem Regenschirm am Fenster vorbeigeht. Kein Zweifel, wir sind auf Austen-Terrain.

Den Kiesweg, auf dem Anne und Wentworth zum glücklichen Ende »wieder jene Gefühle und Versprechungen austauschten, die ihnen schon einmal in längst dahingegangener Zeit alles zu sichern schienen und denen so viele, viele Jahre der Trennung und Entfremdung gefolgt waren«[40] und auf dem sie schließlich Arm in Arm Richtung Royal Crescent davonspazieren, gibt es noch. Er führt an den nicht ganz so stattlichen Rückseiten der Gebäude in Gay und Brock Street entlang, denen jedoch das Privileg eines ummauerten Gartens zugewachsen ist, der nur vom Haus aus eingesehen werden konnte. Ein kleiner »Georgian Garden« hat seine Pforte fürs Publikum geöffnet. Hier duften

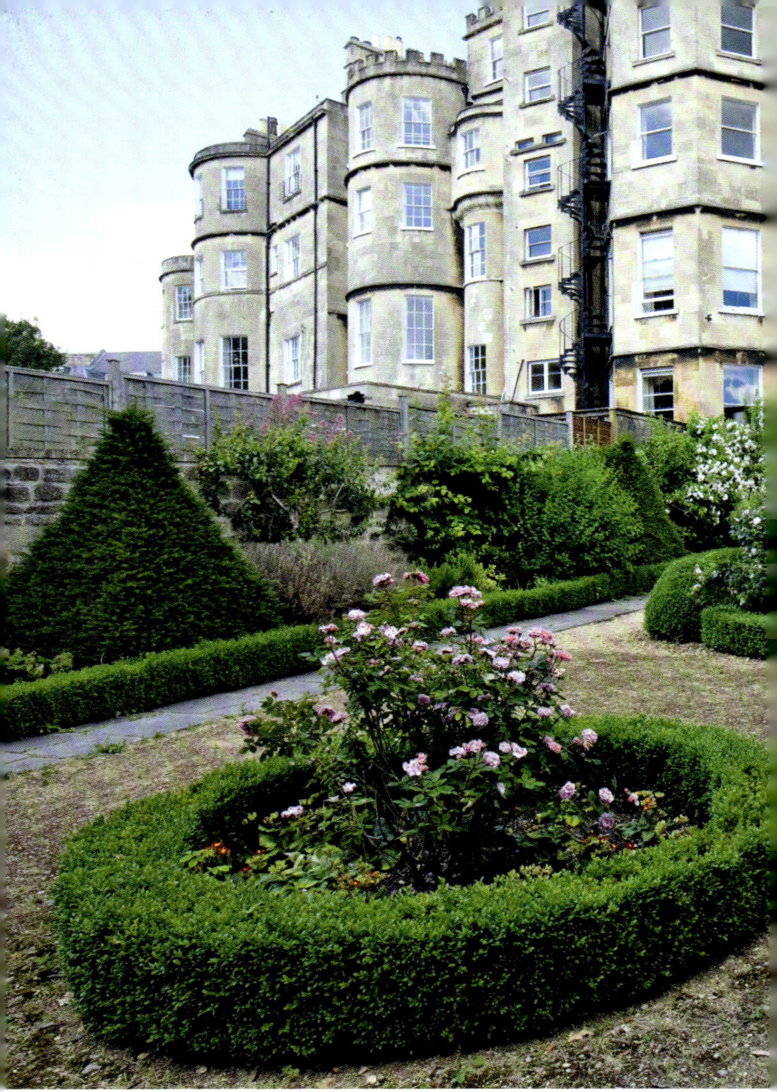

Der Georgian Garden mit Blumen und Stauden des 18. Jahrhunderts

die Blumen, die auch Jane Austen kannte, alte Rosen wie Maiden's Blush und Rosa mundi, Iris, Edelraute, Lavendel und Levkojen, die von Buchs und Eiben eingezirkelt sind, rankendes Geißblatt und panaschierter Efeu an den Mauern und ein dekorativer Judasbaum, der eine weiße gußeiserne Bank beschirmt. Drum herum wurde der Kies mittels einer Steinwalze festgerollt, denn Gras zentimeterkurz zu halten war den Sensenmännern des 18. Jahrhunderts noch nicht gegeben.

Nach dem Tod des Reverends war Janes Jugendfreundin Martha Lloyd zu den Austens gezogen. Ihre Schwester Mary hatte James Austen geheiratet. Obwohl Jane und Mary in Ibthorpe so vertraut miteinander waren, nahm ihre gute Beziehung in der familiären Nähe Schaden, und das Verhältnis zum Pfarrer und seiner Frau war oft gespannt. James, der schon als Junge in Latein und Griechisch so beschlagen war, daß er mit vierzehn auf die Universität ging, der eine literarische Zeitschrift herausgab und ohne den ein Ball früher »nichts« war, hatte sich als Landpfarrer in Steventon eingerichtet, aber seine ehrgeizlose Existenz hinter den sieben Bergen füllte ihn vermutlich nicht aus, und der Verdacht, daß er später seiner intellektuell unauffälligen kleinen Schwester den Erfolg neidete, ist nicht ganz von der Hand zu weisen.

Er ging ihr auf die Nerven, wenn er türenschlagend durchs Haus marschierte und für ein Glas Wasser nach dem Mädchen klingelte. Mary war von der mißvergnügten und sparsamen Sorte. Jane nahm ihr die Art, wie sie nach der Auflösung des Haushalts in Steventon ihre ehemaligen Besitztümer an sich raffte, recht übel. Die Wohngemeinschaft mit Martha sollte sich hingegen über Janes Tod hinaus bewähren. 1828 heiratete der verwitwete Flottenadmiral Sir Francis Austen Martha Lloyd und machte sie als alte Dame zu Lady Austen.

Von Green Park Buildings war der Frauenhaushalt nach Gay Street Nr. 25 gezogen. Ein Jane Austen Center liegt heute wenige Türen entfernt. Hier endet die Tour. Vor der Tür wartet Jane als lebensgroße, wetterfeste Figur in blauem Mantel und Schute auf den braunen Locken, den kritischen Blick stadtwärts gerichtet. Drinnen gibt es sie in allen Darreichungsformen: Austenromane, Austenbiographien, Austen-DVDs, Austenkalender, eine Kostümsammlung aus Austenfilmen und den ganzen Klimbim von der Lavendelseife bis zum Nadelkissen, den kein Mensch braucht und der von vielen Damen dennoch so gern gekauft wird. »I feel Jane all around me«, hat Liz Buzza aus Manitoba ins Gästebuch geschrieben. Ist es ein Wunder!

Von Jane Austen gibt es nur zwei Scherenschnitte und ein einziges authentisches Porträt, ein ovales unvollendetes Aquarell von Cassandra, das ihre Schwester mit Ende zwanzig zeigt. Sie trägt eine Haube, ein Zeichen, daß sie sich nicht mehr zu den heiratsfähigen jungen Damen zählt. Zwei Falten laufen von der Nase zu den Winkeln des schmalen, zusammengepreßten Mundes. Die Arme hat sie vor der Brust verschränkt, die dunklen Augen nach rechts gewandt. Keiner in der Familie fand es gut getroffen, und heute ist es wahrscheinlich das schlechteste Bild in der National Portrait Gallery in London. Als ihre Bücher um die Mitte des 19. Jahrhunderts begannen, sich in großen Auflagen zu verkaufen, gaben die Erben einen Stahlstich in

Jane Austen als wetterfeste Figur vor dem Austen Centre

Auftrag, der sie weniger schmallippig und bedeutend verbindlicher zeigt. Sogar die Haube hat eine Spitze bekommen, aber er ist vermutlich so wenig »nach dem Leben« wie Cassandras Aquarell.

Von Gay Street zogen sie wenige Monate später noch ein Stück den Hügel und die soziale Leiter hinab in die Trim Street, damals ein übel beleumundetes Viertel, durch das Bordsteinschwalben ihre Täschchen schwenkten. Von dort gab es im Juli 1806 nur noch den Weg hinaus – »mit welch einem glücklichen Gefühl, entkommen zu sein!« – zuerst für kurze Zeit nach Clifton, einem Vorort von Bristol, der damals für seine Mineralquelle berühmt war. Im Gegensatz zur Herbst- und Wintersaison in Bath war die dortige »Hotwell« Mittelpunkt einer Sommerfrische. Fanny Burney stürzt ihre Heldin *Evelina* in Clifton in ähnliche Abenteuer wie Austen die arme Catherine Morland in Bath.

Johanna Schopenhauer, die wenige Jahre vor den Austens den Ort besucht hatte, schreibt in ihren Reiseerinnerungen: »Man nennt Clifton ein Dorf, aber es ist ein Dorf, wir möchten sagen, aus Palästen bestehend … Die schönen großen Häuser stehen bald in der in England so beliebten Form des halben Mondes, teils in langen Reihen auf Terrassen, teils einzeln, oder bilden auch breite Straßen und schöne, regelmäßige Plätze. Alles dieses ist durch Gärten, Felder, steile, wilde Felsen und sanfte Anhöhen auf das Reizendste vervielfacht. Einige dieser Gebäude werden für immer oder auch nur den Sommer hindurch von reichen, angesehenen Familien bewohnt; der größere Teil derselben ist zum Gebrauche der Badegäste eingerichtet, deren jährlich eine große Anzahl herkommt, in der Hoffnung, Heil und Rettung in der lauwarmen Quelle zu finden, welche nicht weit entfernt von Clifton fließt. Leider oft vergebens; denn diese Quelle wird gewöhnlich als letztes Mittel gegen das traurigste aller Übel, die unser kurzes Leben bedrohen, gegen Schwindsucht und Auszehrung, angewandt.«[41]

In *Emma* empfiehlt Mrs. Elton Clifton als Badeort. In *Die Abtei von Northanger* ist Blaise Castle außerhalb von Bristol ein angestrebtes und nie erreichtes Ausflugsziel. Das Brunnenhaus ist längst geschlossen, und leider weiß man auch nicht, in welchem der »Crescents« die Austens und Martha Lloyd Wohnung nahmen, vier Frauen ohne festen Wohnsitz, die auf das Wohlwollen und die Gastfreundschaft ihrer Verwandtschaft angewiesen waren. Von Clifton ging es weiter nach Stoneleigh Abbey in Warwickshire. Ein Cousin von Mrs. Austen, der Reverend Thomas Leigh, hatte die Abbey, einen gewaltigen Landsitz, überraschend geerbt und war, um die Ansprüche eventueller Miterben zu entkräften, sofort eingezogen. Seine Cousine Cassandra, die sich von niemand so rasch einschüchtern ließ, hatte er wohl zur Verstärkung eingeladen.

Leider dachte er nicht daran, ihr sein riesiges Haus auf Dauer auch als Wohnung anzubieten, und so zogen sie weiter zu einem Neffen nach Hamstell-Ridware in Staffordshire und schließlich nach Southampton, wo der frisch verheiratete Fregattenkapitän Frank Austen ein Haus mit Garten über der Stadtmauer gemietet hatte. Es wurde ihr Hafen für die nächsten drei Jahre.

Am Meer

Wie die meisten Residenten verließen die Austens in den Sommermonaten Bath. Die Saison war vorbei, die Stadt stickig und staubig, und die Hitze versetzte die Damen in einen »Zustand der Uneleganz«, dem nicht abzuhelfen war. Also fuhren sie ans Meer nach Dawlish, das dem eingebildeten Robert Ferrars in *Verstand und Gefühl* mondän genug für seine Hochzeitsreise ist und von dem wir zwölf Jahre später in einem Brief hören, daß es dort eine besonders elende Leihbücherei gegeben hat. In anderen Jahren ging es nach Sidmouth, Teignmouth und Lyme Regis an der Kanalküste oder nach Tenby in Wales. Im Meer unterzutauchen galt als gesund und sehr modern. Man tat es bevorzugt im Herbst und Winter, auch gerne früh um sechs, wenn die Kälte tüchtig kniff, denn danach fühlte man sich besonders stark. Mit Mrs. Bridges, die nur wegen der guten Luft nach Ramsgate fuhr, war jedenfalls etwas nicht in Ordnung.

»Sie ist so ein armer Schatz – die Sorte Frau, die auf mich den Eindruck macht, sich entschlossen zu haben, niemals wirklich gesund zu sein – die ihre Krämpfe & ihre Nervosität & die Bedeutung, die sie ihr verleihen, über alles liebt.«[42] Und dazu suchte sie sich auch noch den Sommer aus. Aber seit König George III. an einem Julitag 1789 in Weymouth unter den Klängen einer Streichkapelle (God Save the King) seinem Badekarren entstiegen war und seinen großen Leib den Wellen anvertraut hatte, galt auch die

Sommerfrische als schick. »Der Gedanke, daß es elegante Badeorte in Mecklenburg geben sollte!« schrieb Jane mit kaum geheucheltem Entsetzen an den in der Ostsee kreuzenden Frank. »Glauben die Leute dort allen Ernstes, sie seien auf der Höhe der Zeit? Außerhalb Englands zu baden!«[43]

In Sidmouth machte sich ein junger Mann mit den Austens bekannt, von dem die Nachwelt nur durch eine Bemerkung Cassandras erfahren hat, die sie viele Jahre nach Janes Tod einer Nichte gegenüber fallenließ. Er war Pfarrer und weilte auf Besuch bei seinem Bruder, einem Arzt. Cassandra erinnerte sich an ihn als eines Gentlemans, der reich an persönlichen Vorzügen war, dabei so ernstlich in Schwester Jane verliebt, daß jeder erwartete, er werde sich erklären. Cassandra, die noch lange nicht mit jedem einverstanden war, fand, er sei Janes würdig gewesen, und Jane hätte ihn auch genommen, daran wollte sie sich ebenfalls erinnern. Der junge Mann reiste jedoch ab, nachdem er sich erkundigt hatte, wo die Austens ihre nächsten Sommerferien zu verbringen gedächten und versprach, wieder zur Stelle zu sein. Aber er starb ein paar Wochen später, und niemand kennt seinen Namen und seine Absichten, so wenig wie das Ausmaß des Kummers, den Jane Austen fühlte.

In Lyme Regis in Dorset verbrachte die Familie zweimal ihre Sommerferien. Jane gefiel es dort; in *Anne Elliot* schildert sie, die mit Landschaftsbeschreibungen sonst so sparsam ist, immer wieder neue Anblicke von Lyme und seiner pittoresken Umgebung: »Da an den Gebäuden nichts zu bewundern war, wurde das Auge des Fremden von der eigenartigen Lage der Stadt angezogen, von der Hauptstraße, die geradewegs ins Wasser zu führen schien, dem Weg zur Kaimauer, welche die hübsche kleine, während der Saison von Badekarren und Menschen bevölkerte Bucht umgürtet, von der Kaimauer selbst und ihren vielfältigen Verbesserungen und von der wundervollen Felsenkette, die den Osten der Stadt krönt.«[44]

Wieder wissen wir nicht, wo die Familie Quartier nahm, nur daß ihr Logis und die ganze angeschlossene Wirtschaft schmutzig gewesen seien. Die Autorin Constance Hill, die um die vorletzte Jahrhundertwende auf Austens Spuren reiste, glaubte, sie sei 1803 in einem »lang gestreckten, geräumigen weißen Cottage« am grünen Abhang über der Kaimauer abgestiegen und im Jahr darauf in einem Haus am unteren Ende der steilen High Street. Aber keine Adresse ist verbürgt, deshalb begibt sich der Austen-Leser direkt zur Kaimauer, dem Cobb, um seine Füße auf einen literarischen Schauplatz zu setzen.

Seit dem Mittelalter krümmt sich der Cobb, die breite, nach außen leicht abgeschrägte Mauer, ins Meer hinaus, »der prachtvollste Wellenbrecher der ganzen englischen Südküste«, wie John Fowles einhundertsechzig Jahre nach Jane Austen schreibt, »primitiv und doch kompliziert, massig und doch zart, voller feiner Rundungen und Schwellungen wie ein Werk von Henry Moore oder Michelangelo; dabei rein, sauber und salzig, ein Muster der Baukunst.«[45]

Dort, wo sich die Mauer vom Land wegschwingt, lagen zu Austens Zeit ein paar Häuser und eine kleine Werft. Heute umarmt der Cobb den Yachthafen und das westliche Ende des Badestrands. Kein Schild weist auf die Bedeutung des Ortes hin, aber jeder weiß: Hier von den geländerlosen

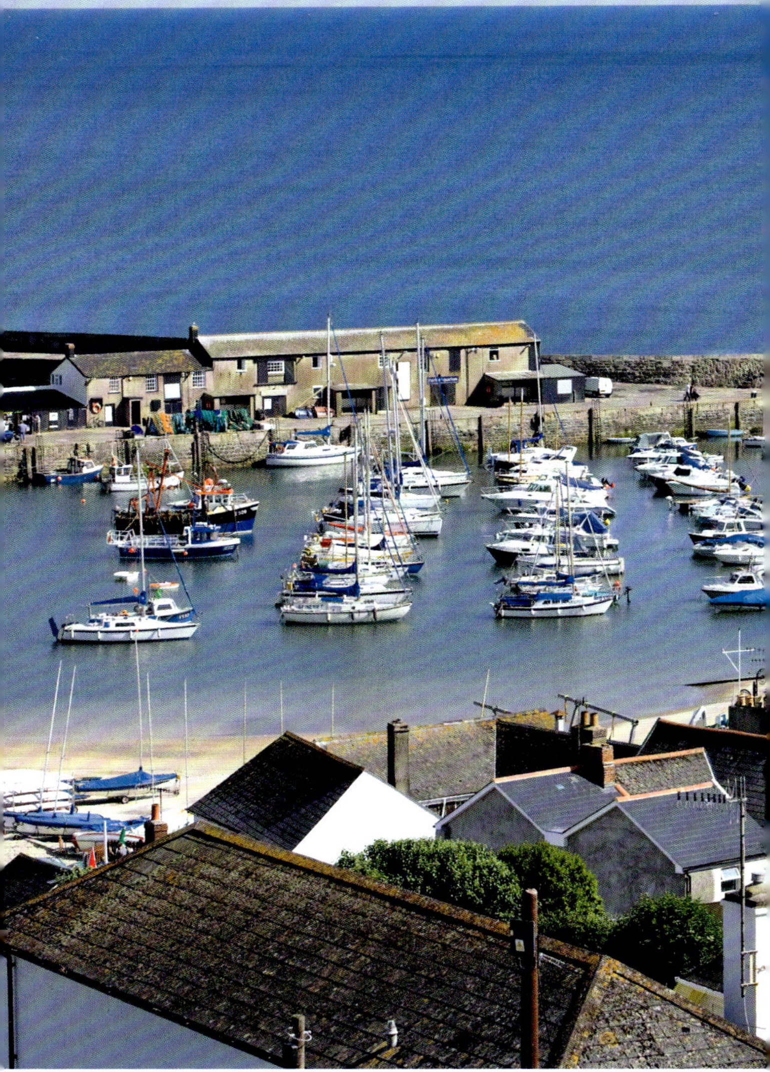

Mächtig und anmutig, der Cobb in Lyme Regis

Stufen, die zwischen der Oberkante und dem geschützten unteren Kai wie morsche Zähne aus der Mauer ragen, springt Louisa Musgrove und landet statt in Kapitän Wentworths Armen auf dem Pflaster.

»Auf dem oberen Teil der Mauer herrschte ein zu starker Wind, und man beschloß, die Stufen zur tieferen Promenade hinab zu steigen. Während alle sich damit begnügten, ruhig und vorsichtig die steile Stiege hinabzuklimmen, sprang Louisa mit Kapitän Wentworths Hilfe über die Treppe hinunter. [...] Sie lief sogleich wieder die Stufen hinauf, um in kindlicher Freude noch einmal zu springen. Er riet ihr ab, der Aufprall sei zu heftig, aber er warnte und riet vergebens. Lächelnd sagte sie: ›Ich bin entschlossen und werde es tun.‹ Er streckte seine Hände aus; aber sie war um eine halbe Sekunde zu voreilig, fiel auf das Pflaster der unteren Mauer und blieb reglos liegen.«[46]

Es ist Anne Elliot, die in dieser Situation die Nerven behält, vor der zwei schlachtenerprobte Offiziere der Royal Navy zu kapitulieren drohen, und Kapitän Benwick im Geschwindschritt nach einem Arzt schickt. Es ist eine Schlüsselszene und der Wendepunkt im Roman, denn er öffnet Kapitän Wentworth, der von Anne vor achteinhalb Jahren zurückgewiesen worden war und diese Kränkung acht und ein halbes Jahr mit sich herumgetragen hat, die Augen für die Qualitäten der Frau, die er einst geliebt hat – und selbstverständlich noch immer liebt.

Zu Austens Zeit waren die wenigen mit Reet und Schiefer gedeckten Häuser von Lyme eine Viertelstunde Fußweg entfernt. Noch weiter östlich liegt Charmouth, »inmitten weiter Hügel mit seiner lieblichen zurückweichenden

Bucht, von dunklen Klippen im Hintergrund überragt, und seinen Felsblöcken am Strand, wo man in unermüdlicher Betrachtung verharrend das Spiel der Gezeiten beobachten kann. Da war inmitten seiner Waldungen das heitere Dörfchen Hochlyme und vor allem Pinny mit seinen grünen Klüften zwischen romantischen Felsen, wo vereinzelter Waldbestand und überreiche Obstgärten anzeigten, daß viele Generationen vergangen sein mußten, seit der erste Zerfall der Riffe den Boden für solche Pracht bereitete, für eine so wundervolle und liebliche Landschaft …« [47] Die an Fossilien reichen Klippen von Charmouth sind heute Teil eines »Jurassic Park«, in dem einhundertfünfundachtzig Millionen Jahre Erdgeschichte auf einer Länge von einhundertvierzig Kilometern offen liegen. Man sieht mit Hämmerchen bewaffnete Freizeit-Paläontologen das Ölschiefergeröll nach versteinerten Muscheln und anderem Getier abklopfen, ein Hobby, das ein Jahrzehnt nachdem Austen hier spazierenging, in Mode kam.

Wenn wir auch nicht wissen, wo sie wohnte, so können wir doch sicher sein, daß sie fast täglich ins Meer stieg. Dafür gab es Badekarren, die von einem Pferd oder einer starken Frau in die Brandung gezogen wurden. Ein paar Stufen und ein Seil als Geländer führten ins Wasser, und über die Scheuen klappte die Badefrau einen Schirm wie einen halben Lampion. Herren badeten an ihrem Strandabschnitt nackt, Damen trugen Musselingewänder. Die Zofe badete nicht. Sie blieb im Karren. »Das Bad im Meer war heute morgen so herrlich«, schreibt Jane Mitte September 1804 an Cassandra, »und Molly drängte mich, es zu genießen, daß ich wohl etwas zu lange drinblieb, denn seit Mittag

Ein literarischer Schauplatz: von diesen Stufen sprang Louisa Musgrove

fühle ich mich unerklärlich müde. Das nächste Mal bin ich vorsichtiger; jedenfalls werde ich morgen nicht baden, wie ich es vorhatte.«[48]

Im selben Brief berichtet sie ihr über den Ball am Vorabend in den Assembly Rooms (die es heute nicht mehr gibt), wo sie eine Weile von einem »eigenartig aussehenden Mann beäugt wurde«, der sie, ohne ihr vorgestellt worden zu sein, fragte, ob sie zu tanzen gedenke. Er war vermutlich Ire, seiner informellen Art nach zu schließen. Sie tanzte natürlich nicht mit ihm. Er gehörte zu der Gesellschaft eines irischen Vicomtes, die Jane ihrerseits schon beäugt hatte, geräuschvolle, merkwürdig aussehende Menschen, »gerade gut genug, um in Lyme als bessere Gesellschaft durchzugehen«.

An diesem Septemberabend sehen wir den Reverend George Austen zum letzten Mal, eine Gestalt mit feinem, weißem Haar, wie er um halb zehn die Assembly Rooms verläßt – Frau und Tochter blieben noch eine Stunde länger – und in Begleitung von Diener James mit einer Laterne nach Hause strebt. Vier Monate später ist er in Bath gestorben. Ferien am Meer konnten sich die Austens danach nicht mehr leisten.

In *Sanditon* kehrt Jane noch einmal an die Küste zurück, nicht nach Devon oder Dorset, sondern nach Sussex, das sie von Ausflügen mit Edwards Familie kannte. Dieser letzte, unvollendete Roman spielt in einem der neuen, aufstrebenden Touristenorte, in denen noch gebaut wird und die mit ihren Attraktionen eher auf die Großstadtklientel als auf den Landadel zielen. Für Mr. Parker, Stadtgründer, Kurdirektor und Immobilienmakler in einer Person, ist Sanditon »seine Goldmine, seine Lotterie, sein Beruf, seine Hoffnung und seine Zukunft«. In seinem Überschwang klingt schon die Werbeprosa eines kommenden Jahrhunderts mit: »Die beste, reinste Seeluft an der Küste – allgemein anerkannt – ausgezeichnetes Baden – schöner fester Sand – tiefes Wasser zehn Meter vom Ufer – kein Schlamm – kein Seetang – keine glitschigen Steine. Nie hat es einen Platz gegeben, der von der Natur augenfälliger als Erholungsort für Invalide entworfen worden wäre – *der* Ort, den Tausende nötig zu haben scheinen! Die günstigste Entfernung von London! Eine ganze, amtlich gemessene Meile näher als Eastbourne.«[49]

Noch einmal versammelt Austen in *Sanditon* ihr Lieblingspersonal, die drei, vier Familien, die aufeinander zu treiben sich lohnt: Lady Denham und ihre geknechtete Gesellschafterin Clara, zwei Schwestern Parker, voll der wunderbarsten Beschwerden, und ihr Bruder, der junge Mr.

Parker, der mit seinem abendlichen Kakao ein ebensolcher Narr zu werden verspricht wie der alte Mr. Woodhouse mit seinem Täßchen Haferschleim, zwei Miss Beaufort auf Gattenjagd, beide »sehr geschickt und sehr dumm«, Sir Edward Denham mit dem Kopf in den Wolken, und die junge Charlotte Heywood mit den Füßen auf dem Boden.

Für eine so kranke Frau, wie Jane Austen es Anfang 1817 war, ist *Sanditon* ein fast unheimlich lustiges Buch. »Ich hatte gerade den bisher schwersten Anfall meines alten Leidens, diese Gallenkolik, und konnte kaum von meinem Bett zum Sofa kriechen.« Das ist nicht Austen, die ein halbes Jahr später sterben wird, sondern Diana Parker, der nichts fehlt, was von einem aufgerissenen Fenster, regelmäßiger Bewegung und der Abschaffung des Riechsalzes nicht behoben werden könnte. Die Heldin Charlotte Heywood, eine jüngere Verwandte von Elizabeth Bennet, läßt die Luft aus dem aufgeblasenen Gewäsch, und man wüßte gern, wie es mit ihr weitergeht. Am Ende des vierten Kapitels steht sie in ihrem Gästezimmer und blickt »über den vielfältigen Vordergrund von unfertigen Häusern, wehender Wäsche und Häusergiebeln hinweg auf das Meer hinaus, das in Sonnenschein und Kühle tanzte und glitzerte«.[50] Das Meer lädt zum Aufbruch, aber Jane Austen würde *Sanditon* nicht vollenden.

1802 hatten Frankreich und England den Frieden von Amiens geschlossen. Er hielt nur vierzehn Monate. Kapitän Francis Austen war auf halben Sold gesetzt worden und befehligte eine vermischte Truppe von Zivilisten, die die Küste bewachen sollten, und an deren Kompetenz er so seine Zweifel hegte. Die Angst vor einer Invasion Napoleons war allgegenwärtig und durchaus begründet. Erstaunlicherweise ging der Badebetrieb an der englischen Kanalküste trotzdem ungestört weiter, und Jane Austen erwähnt den nahen Feind mit keinem Wort.

Drei Jahre später erhielt Frank ein neues Kommando auf der *Canopus* mit achtzig Kanonen. Er hatte zusammen mit Lord Nelsons Flaggschiff, der *Victory*, und acht weiteren Linienschiffen die französische Flotte über den Atlantik gejagt. Der Admiral hatte Kapitän Francis Austen »einen vortrefflichen jungen Mann« genannt, aber als es am 21. Oktober 1805 zum entscheidenden Gefecht kam, waren Frank und die *Canopus* nach Gibraltar geschickt worden, um Wasser und Proviant für die Flotte aufzunehmen. Die Schlacht von Trafalgar verpaßt zu haben, wurmte ihn sein Leben lang – und das währte sehr lange. Sir Francis Austen starb mit einundneunzig Jahren als Flottenadmiral.

1806 hatte er eine junge Dame namens Mary Gibson geheiratet. Das Paar hatte in Southampton am Castle Square ein geräumiges altes Haus bezogen, das sich in den zweieinhalb Jahren, in denen sie dort wohnten, allerdings als brüchig erwies. Es regnete in die Speisekammer und der Schornstein stürzte ein. Frank, der auf seine Weise ein ähnlicher Tüftler wie seine Schwester war, machte sich im Haus nützlich und »knüpfte sehr hübsche Fransen für die Wohnzimmervorhänge«. In *Anne Elliot* glaubte er dann auch, sich in der Figur eines Kapitäns auf dem Trockenen wieder zu erkennen. »Kapitän Harville war nicht belesen; aber er hatte manch ausgezeichnete Verbesserung erfunden und sehr hübsche Gestelle angefertigt […] Er zeichnete, lackierte, zimmerte und leimte, er verfertigte Spielzeug für seine Kinder, versah Filetnadeln mit Verbesserungen und wagte sich an das Knüpfen eines großen Fischernetzes, wenn alles andere erledigt war.«[51]

Als Frau eines Kapitäns bei der Kriegsmarine wußte Mary, daß sie eine bange Zeit vor sich hatte und oft allein sein würde. So lud Frank seine Mutter, Schwestern und Freundin Martha ein, ihr Heim zu teilen. Das Haus ist längst abgerissen und Castle Square heute so verändert, daß sich seine Lage nicht mehr feststellen läßt. Früher endete hier die Stadt und begann das Meer. Innerhalb der Stadtmauer lag ein Garten, der Anfang Februar 1807, als sie einzogen, noch nicht sehr vielversprechend aussah. Der angeheuerte Gärtner (»fester Charakter, gute Gesichtsfarbe, nicht zu teuer«) riet, entlang des Kieswegs, wo nur wilde Heckenrosen sprossen, bessere Rosenstöcke zu pflanzen. Jane wünschte sich dazu Flieder, Goldregen und Reseden. »In der Rabatte an der Mauer wird gerade ein Platz für Johannisbeeren und Stachelbeeren frei geräumt, und wir haben einen sehr guten Fleck für die Himbeeren gefunden.«[52]

Eine Treppe führte von innen auf die Mauerkrone, so daß die Damen darauf entlangspazieren, über den Solent blicken und die ein- und auslaufenden Segelschiffe vorbeigleiten sehen konnten. Southampton war damals mehr Badeort als Hafen. Eine Fähre verband die Stadt mit dem nicht ganz so gediegenen Portsmouth und der Königlichen Werft, der vorgelagerten Garnison und dem Marinehafen. Vielleicht sind Jane und Cassandra auf diesem Weg ihren Brüdern ein Stück entgegengefahren, wenn die Flotte heimkehrte. 1850, als der Hafen von Southampton ausgebaut wurde, verschwand das alte Viertel. Statt des Meeres brandet heute

Nichts übertrifft die Unterkunft eines Seemanns: Admiralskajüte auf der Victory

der Verkehr um die Mauer, und hinter der Schnellstraße dehnt sich ein Containerterminal.

»Nichts übertrifft die Unterkunft eines Kriegsmannes – ich spreche natürlich von den höheren Chargen«, erklärt Mrs. Croft, die Gattin eines Admirals, einer ahnungslosen Nachbarin in *Anne Elliot*. »Frauen können sich an Bord eines Schiffes ebenso zu Hause fühlen wie in dem besten Hause in England. Ich habe, glaube ich, so lange an Bord gelebt wie je eine Frau und kenne nichts Schöneres als die Unterkunft eines Kriegsmannes.«[53] Wie komfortabel ein Admiral lebte und wie beengt die niederen Chargen, kann man auf der *Victory* besichtigen. Lord Nelsons Flaggschiff mit siebenunddreißig Segeln und hundert Kanonen liegt im historischen Hafen von Portsmouth; eine atemberaubende

Schönheit, ein Wunder nautischer Technik, eine perfekte Militärmaschine.

Kriegsschiffe waren auch vor zweihundert Jahren schwimmende Gefechtsbatterien; der Glanz des Mahagonis, die roten Samtpolster und die mit Damastservietten, Silber und Kristall gedeckte Tafel in der schiffsbreiten Admiralskajüte können darüber nicht hinwegtäuschen. Auch Nelson schlief in einer Art hängender Wiege zwischen Zwölfpfündern, und wenn es zur Schlacht kam, wurde das kostbare Mobiliar zusammengefaltet und unter Deck verstaut, die Paneele an die Decke geklappt und die Kanonen unter den Fenstersitzen am Stern herausgerollt. Wo blieb dann Mrs. Croft? »Keine von uns erwartet, nur auf glattem Wasser zu segeln«, sagt sie, aber den Freunden erzählt sie ausschließlich von ihren glücklichen Tagen auf See; alles andere wäre nicht ladylike gewesen. Sie spricht nicht über das Krachen von splitterndem Holz, den Qualm und die Schreie, über die in Stücke geschossenen Männer, das Zwischendeck, das mit Sand bestreut wurde, damit die Kanoniere nicht auf dem Blut ausrutschten, den Chirurgen im schwarzen Kittel, der den Verwundeten in Windeseile die zerschmetterten Gliedmaßen absägte – drei Minuten für ein Bein, die Militärärzte waren die schnellsten ihrer Zunft – so wenig, wie sie die zum Dienst gepreßten Matrosen, den Skorbut und die schrecklichen Leibstrafen erwähnt.

Vermutlich war Jane dabei, als Mr. und Mrs. Austen 1802 in Portsmouth die von Frank kommandierte *Neptune* besichtigten. Sie wußte, wie es unter Deck aussah, wo Hunderte von Männern in nervtötender Nähe zusammenlebten. Nachts wurden die Hängematten zwischen den Kanonen aufgespannt, tagsüber Tische aufgehängt. In der *Victory* steht auf dem mittleren Deck ein Mammut von Herd mit Bratspießen und Kesseln für Fleisch, Eintopf und Haferbrei, kupfernen Destillierkesseln, in denen Meerwasser entsalzt wurde, Backöfen, die sechsunddreißig Kilo Brot auf einmal faßten und kleineren Feuerstellen, auf denen das Essen für die Offiziere schmurgelte. Vermutlich konnte Jane sich den Geruch vorstellen, wenn die Luken bei Sturm geschlossen waren. Frank erfand allerlei Vorrichtungen zum Vorteil seiner Mannschaft. So experimentierte er mit der Haltbarmachung von Käse, damit die Männer auf den langen Reisen »gesünderes und nahrhaftes Essen« zu sich nahmen und der Staatskasse weniger Verluste entstanden.

Für Austen, die so stolz auf ihre seefahrenden Brüder und auf die Kriegsmarine war, die England vor dem Erbfeind jenseits des Kanals schützten, überstrahlte der Glanz der Royal Navy ihre weniger glorreichen Seiten. In *Anne Elliot* darf sich Sir Walter um Kopf und Kragen reden, als er die Marine schmäht:

Der Beruf »ist mir in zweierlei Hinsicht zuwider. Einmal erhebt er Menschen obskurer Herkunft zu unverdienten Ehren, von denen weder ihre Väter noch Großväter geträumt haben; zweitens zerstört er die Jugend und Kraft eines Mannes aufs abscheulichste.« In London war Sir Walter einem Admiral Baldwin begegnet, »einer denkbar bedauernswert aussehenden Person. Sein Gesicht war mahagonifarben, grau und zerfurcht, lauter Linien und Falten, neun graue Haare auf jeder Seite und nur ein bißchen Puder obenauf. ›Im Namen des Himmels, wer ist der alte Kerl?‹« fragt Sir Walter seinen Freund, und er schlußfolgert: »Sie werden herumgeschlagen, sind jedem Wetter und jedem Klima ausgesetzt, bis man sie nicht mehr ansehen mag. Es ist schade, wenn sie nicht einen über den Schädel bekommen, ehe sie Admiral Baldwins Alter erreichen.«[54]

Janes jüngerer Bruder Charles heiratete 1807 auf den Bermudas eine Miss Palmer. Ihre kleine Tochter Cassandra war drei, das nächste Baby ein knappes Jahr alt, als die Familie nach England zurückkehrte. Kapitän Charles Austen hatte weniger Glück mit Prisen gehabt als Frank. Er war so arm, daß er sich kein Haus an Land leisten konnte und mit Frau und Kindern an Bord der *Namur* vor Sheerness lebte. Auf dem Schiff aber war es so kalt und feucht, daß Charles Rheumatismus bekam. Die kleine »Mieze« Cassy wurde krank und man verfrachtete sie – sehr gegen ihre Neigung – nach Hampshire zu Großmutter und Tanten. Charles' Frau Fanny starb an Bord des Schiffes bei der Geburt ihres vierten Kindes, das seine Mutter nur um drei Wochen überlebte.

Als Jane *Mansfield Park* schrieb, bat sie Frank, darin drei Namen seiner Schiffe verwenden zu dürfen: *Cleopatra*, *Elephant* und *Endymion*. Wir stellen sie uns in Portsmouth auf den Ramparts, den Festungswällen, vor, wenn ein Schiff, das Frank oder Charles nach Hause brachte, mit günstigem Wind und hochgeschwellten Segeln einlief und ihr bei diesem Anblick das Herz überging. Auf die Ramparts schickt sie Fanny Price am Arm von Mr. Crawford.

»Es war zwar erst März, aber man spürte schon den April mit seiner milden Luft, dem leichten, frischen Wind und der hellen Sonne, die hin und wieder kurz von Wolken verdeckt wurde, und unter einem solchen Himmel sah alles so schön aus, die Schattenspiele auf den Schiffen bei Spithead und der dahinter liegenden Insel, mit den unaufhörlich wechselnden Farbtönen des bei Flut übermütig tanzenden Meeres, das mit angenehmem Geräusch gegen die Festungswälle brandete, dies alles verzauberte Fanny so sehr, daß sie allmählich fast die Umstände vergaß, unter denen sie dies alles erlebte.«[55]

Die Umstände waren Fannys Verbannung aus Mansfield Park, dem Haus ihres vermögenden Onkels, wo sie zwölf Jahre lang die Vorteile einer eleganten Erziehung und die Demütigungen einer armen Verwandten genossen hatte. Sie mußte zurück in den fürchterlichen Haushalt ihrer Eltern in Portsmouth, weil sie sich geweigert hatte, Mr. Crawford zu erhören. In der Beschreibung des von Radau und Mr. Prices Schnapsfahne erfüllten kleinen Hauses hinter den Festungsmauern zeigt Austen, daß ihr nicht nur vornehmliche Ärmlichkeit bekannt war, sondern daß sie sich als Autorin auch an einem »Ort des Lärms, der Unordnung und Unschicklichkeit«[56] zurechtfand.

Heute sieht es sehr viel adretter hinter den Wällen aus. Lombard Street könnte für die Adresse der Prices in Frage kommen. Sie ist eine der wenigen Straßen aus dem 18. Jahrhundert, die das deutsche Bombardement im Zweiten Weltkrieg und die architektonischen Greuel des Wiederaufbaus überstanden haben. Gelbe und rote Häuser mit holländischen Giebeln, deren Türen sich unmittelbar auf den Bürgersteig öffnen, säumen die kopfsteingepflasterte Straße; auf dem Kirchturm dreht sich ein Segelschiff als Wetterfahne, und wie die Romangesellschaft ist man mit wenigen Schritten auf dem Bollwerk über dem Meer.

Verglichen mit dem Leben eines Leutnants zur See oder das einer Admiralsgattin war Jane Austens Dasein wohl »ereignislos«. Ihr Bruder Henry hat dieses geflügelte Wort 1818 mit seiner *Biographischen Notiz* in die Welt gesetzt. Er war der erste, der den Namen der »Lady« enthüllte, der das lesende Publikum so viele anregende Stunden verdankte und deren »Hand nun im Grabe modert«. So ganz traute er ihrer Kunst dann wohl doch nicht, denn er schrieb, viele stellten ihre Romane auf eine Stufe mit denen einer d'Arblay oder einer Edgeworth – Damen, die Austen mit ihrer Klarsicht, Unsentimentalität und stilistischen Eleganz hinter sich gelassen hatte.

Doch als ihr literarischer Testamentsvollstrecker prägte Henry das Bild der lieben Jane, die »ängstlich bemüht war, Gott zu gefallen und bei ihren Mitmenschen keinen Anstoß zu erregen«. Die Welt erfährt von ihrer Heiterkeit, ihrer »stillen und glücklichen Beschäftigung« und dem wohltuenden Einfluß der Familie, ohne die sie nicht den Mut gefunden hätte, das Geschriebene zu veröffentlichen. So reizend und bescheiden war sie. »Nie sprach sie ein unüberlegtes, leichtfertiges oder strenges Wort und ihre Ansichten entsprachen genau denen der englischen Hochkirche.«

Henry Austen mußte als Autorität gelten. Er war der Lieblingsbruder, ihr literarischer Agent und finanzieller Berater. Er hatte in Oxford studiert, war danach Leutnant bei der Bürgerwehr und hatte es bis zum Hauptmann gebracht; er heiratete seine Cousine, die zehn Jahre ältere kapriziöse Comtesse Eliza de Feuillide, war Steuerverwalter, Teilhaber eines Bankhauses, und als er damit Pleite machte, nahm er die Weihen und wurde Pfarrer. Er soll im Alter sogar sehr fromm geworden sein. Verglichen mit Janes Existenz war die seine durchaus ereignisreich. Doch ein Leben, in dem einige der besten englischen Romane geschrieben wurden, kann auch nicht ganz ereignislos gewesen sein.

Nicht daß die Welt auf sie gewartet hätte. Zeit ihres Lebens war Jane Austen nur einem kleinen Leserzirkel bekannt. Nach ihrem Tod verkauften Henry und Cassandra das Copyright an ihren Romanen (außer *Stolz und Vorurteil*) für zweihundertfünfzig Pfund. Die erste Gesamtausgabe ihrer Bücher erschien 1832, und erst 1870 mit dem *Memoir of Jane Austen* ihres Neffen James Edward Austen-Leigh begann das Interesse an ihrem Leben und Werk zu wachsen. Aber auch der Neffe glaubte, alles, was ein wenig schräg aus dem Bild »unserer Autorin« herausragte, tilgen zu müssen, und neben Talent und Heiterkeit war ihm ihre »charakteristische Sanftmut« buchenswert.

So konsumierten noch Generationen von Lesern Austens »dear books« als literarische Schonkost, die Magen und Herz zuträglich war. Ihre Satire ging als prickelnder Scherz durch – wurde eine flachsinnige Frau je eleganter massakriert als Mrs. John Dashwood? –, ihre moralische Rigidität als Happy End. Doch bei Austen bekommt jede Figur, was sie verdient: Elizabeth Bennet den edlen Mr. Darcy, ihre törichte Schwester Lydia den verdorbenen Mr. Wickham, die Gans Lucy Steele den Gänserich Robert Ferrars, und Maria Bertram, die ihre Ehe bricht, wird zu der schrecklichsten aller Tanten in die Verbannung geschickt, auf daß sie sich gegenseitig das Leben zur Hölle machen. »Und was die romantischsten Menschen auch immer sagen mögen, ohne Geld geht es nun einmal nicht«[57], weiß die praktische

Isabella Thorpe in *Die Abtei von Northanger*. Es geht nicht ohne »Zaster«, nicht ohne den richtigen Stand und nicht bis Verstand und Gefühl zusammenpassen. Romantische Affären gehen bei Austen immer schief.

Im Frühjahr 1809 löste sich die Wohngemeinschaft in Southampton auf. Frank und Mary waren nach Yarmouth auf die Isle of Wight gezogen, weil Franks Schiff monatelang am Flottenstützpunkt Spithead vor Portsmouth ankerte. Allein konnten sich die Austen-Frauen und Miss Lloyd das Haus am Castle Square nicht leisten. »Jetzt, da unser Umzug bevorsteht, fangen wir an, neue Leute kennenzulernen und uns gut zu amüsieren«, berichtet Jane der Schwester in Godmersham. »Ja, ich gedenke noch so viele Bälle wie möglich zu besuchen und die Zeit richtig auszunutzen.« Mit Martha ging sie zu den Veranstaltungen ins Dolphin Hotel in der High Street, dessen Stern heute nicht mehr ganz so hell strahlt wie zu ihrer Zeit.

»Unser Ball war amüsanter als erwartet. Martha hat es sehr gut gefallen, und ich fing erst in der letzten Viertelstunde an zu gähnen. […] Der Saal war einigermaßen gut besetzt und etwa dreißig Paare tanzten. Betrüblich war, Dutzende von jungen Frauen ohne Partner herumstehen zu sehen, jede von ihnen mit einem Paar häßlicher nackter Schultern. Es war derselbe Saal, in dem wir vor fünfzehn Jahren getanzt hatten. Ich habe mir alles noch einmal in Erinnerung gerufen, und obwohl ich so schändlich alt geworden bin« – sie wurde in Kürze dreiunddreißig –, »war ich doch froh, mich heute fast ebenso glücklich zu fühlen wie damals«, berichtet sie Cassandra. »Du hättest sicher nicht erwartet, daß man *mich* zum Tanzen aufgefordert hätte – aber so war es – und zwar von dem Herrn, den wir bei Kapitän D'Auvergne getroffen haben. Wir hatten seither eine Grußbekanntschaft gepflegt, und weil mir seine schwarzen Augen gefielen, sprach ich ihn auf dem Ball an und handelte mir damit diese Artigkeit ein. Aber ich kenne nicht einmal seinen Namen, und er spricht so herzlich wenig Englisch, daß ich glaube, seine schwarzen Augen sind womöglich das Beste an ihm.«[58]

Bevor sie zusammenpackten, schrieb Austen unter dem Namen Mrs. Ashton Denis – was ihr erlaubte mit M.A.D. zu unterzeichnen – an die Herren Crosby & Co. in London und erkundigte sich nach dem Romanmanuskript von *Susan*, das Henry Austen fünf Jahre zuvor dem Verlag angeboten und dafür eine Vorauszahlung von zehn Pfund erhalten hatte. M.A.D. zeigte sich besorgt, es könne verlorengegangen sein, und bot an, eine Abschrift zu schikken. Sollte sie keine Antwort erhalten, fühle sie sich so frei, das Werk bei einem anderen Verlag anzubieten. Mr. Crosby schrieb postwendend zurück, man habe sich zu nichts verpflichtet und werde eine Publikation in einem anderen Verlag zu verhindern wissen. Im übrigen könne sie das Manuskript für zehn Pfund wieder zurückhaben. Aber Jane Austen hatte keine zehn Pfund übrig; es war die Hälfte ihres jährlichen Etats. Acht Jahre später lag es immer noch bei Crosby herum und Henry legte zehn Pfund dafür auf den Tisch, ehe er die Verleger wissen ließ, es stamme von der Autorin von *Stolz und Vorurteil*. Guten Morgen, Gentlemen!

In diesem Winter 1808 hatte sich Mrs. Austen schon für den Umzug entschieden. Edward hatte dem ambulierenden Quartett eine Bleibe angeboten und ließ sie zwischen einem Haus in der Nähe von Godmersham in Kent und einem geräumigen Cottage im Dorf Chawton in Hampshire wählen. Auch in Chawton führte Edward ein »großes Haus« und die ehemalige Gastwirtschaft an der Überlandstraße Winchester – London, in der zuletzt sein Gutsverwalter gewohnt hatte, gehörte zu seinem Besitz. Steventon, wo James als Pfarrer wirkte, war nur zwanzig Meilen, einen halben Tagesritt, entfernt. Im eine Meile entfernten Alton gab es Geschäfte, eine Apotheke, die Post und eine Zweigstelle von Henrys Bank.

Sie kannten das Haus nur von außen, aber Cassandra und Jane stimmten für Chawton, und Mrs. Austen gefiel der Gedanke, ein wenig Abstand zu Edwards kinderreicher Familie zu halten. Sie entschied sich für das Cottage. Edward ließ den Schankraum umbauen, ein Fenster zumauern, ein anderes und eine neue Tür brechen, und im Juli 1809 zogen sie um. Endlich hatten sie ein Haus für sich allein.

Kent

»Gefällt es Ihnen in Kent?« fragt Mr. Darcy Elizabeth Bennet bei einer ihrer leicht brenzligen Begegnungen. »Darauf folgte eine kurze Betrachtung der Grafschaft, von beiden Seiten ruhig und bündig geführt ...«[59] Jane Austen hätte vermutlich gleich mit Ja geantwortet. Ihr gefiel es in Kent. Wo immer sie lebte, in Steventon, Bath, Southampton oder Chawton, sie reiste regelmäßig zu Edward nach Godmersham. Er hatte das Haus und die Ländereien bei Canterbury von seinen Adoptiveltern Knight geerbt und 1812 deren Namen angenommen.

Neben Hampshire war Kent der Teil Englands, den Jane am besten kannte. Bei einer Gelegenheit wollte sie Charles auf dem Weg zu seinem Schiff nach Deal begleiten und freute sich darauf, ihm unterwegs die Sehenswürdigkeiten zu zeigen, aber der Gedanke an die Rückfahrt allein in Mief und zweifelhafter Gesellschaft einer öffentlichen Postkutsche ließ sie den Plan wieder aufstecken.

Die Familie ihres Vaters stammte aus Kent. George Austen war dort 1731 als Sproß einer alten Tuchhändlerfamilie geboren. Als er Cassandra Leigh heiratete, tat er dies über seinem Stand, denn sie verfügte über eine Reihe gelehrter und adeliger Vorfahren, während er nur auf eine Ahnenreihe von Freisassen, Rechtsanwälten und Ärzten zurückblicken konnte, ein Berufsstand, der den Quacksalbern und Friseuren zu nahe kam, um sehr viel Ansehen zu genießen. Vermögen besaß Cassandra Leigh allerdings so wenig wie ihr Bräutigam, dafür – zumindest in ihrer Jugend – Humor, einen praktischen Verstand, einen beschränkten Vorrat an Liebenswürdigkeit und eine kleine Hakennase, die etwas über ihre noble Herkunft und ihr autokratisches Naturell verriet und die sie ihren Töchtern vererbte.

Als kleines Mädchen hatte Jane Verwandte in Sevenoaks besucht und auf eine ältere Cousine keinen guten Eindruck gemacht. Während Cassandra als sehr hübsches Mädchen durchging, das ihr, der Cousine, ausgesprochen ähnlich sehe, sei die Kleinere »gar nicht wie eine Zwölfjährige, so verdreht, launisch und eingebildet, und überhaupt nicht hübsch«.[60] Jane war vermutlich schüchtern im Haus fremder Onkel und Tanten, aber sie war eine scharfe Beobachterin. Hochnäsige Cousinen bekamen ihr Fett weg, sobald die Kleine wieder zu Hause war und sich einen Brief wie diesen ausdenken konnte: »Liebliches und allzu bezauberndes reizendes Wesen, ungeachtet Eures furchterregenden Schielens, Eurer schmalzigen Locken und Eures krummen Rückens – all dies weit abscheulicher, als die Phantasie sich auszumalen oder die Feder zu beschreiben vermöchte ...«[61]

Folgen wir Jane Austen also von Hampshire nach Kent, »wo jedermann reich und glücklich ist«, entlang der Küste und abseits der großen Straßen, vorbei an den wegweisenden Schildern nach Puddletown und Piddlehinton, Piddletrenthide, Toldpuddle, Affpuddle und Turners Puddle, Namen wie aus Janes verrückten Jugendschriften, die in Orten wie Pammydiddle und Crankhumdunberry spielen. Ein bißchen aus der Welt gefallen wirken die Dörfer auch, die in den grünen Armbeugen der Hügel liegen: Cottages aus grauem und rotem Stein, schwarzem Fachwerk und weißem Putz, die Reetdächer so hübsch frisiert wie die Eibenhecken, die sie umgeben, die Gärten voller Rosen und Lilien und die Mauern begraben unter den blauen Plumeaus der Säckelblume. Kein Möbelmarkt und kein Hundefuttergroßhandel in Sicht. Surrey: Mittagspause und Pferdewechsel im *White Hart* in Guildford. Am Sonntagmittag sind die Parkplätze vor den Pubs dicht besetzt. Es gibt das traditionelle Sunday Lunch: Roastbeef, Yorkshire Pudding und Rosenkohl. Seit zweihundert Jahren. Und jetzt auch im Sommer.

Ein paar Meilen weiter hat Austen manchmal Station bei ihren Verwandten im Pfarrhaus von Great Bookham gemacht. Die Cookes waren – besonders seit Nichte Jane eine vielbesprochene Autorin geworden war – sehr dringlich mit ihren Einladungen, der Reverend Cooke voll des Lobes über *Mansfield Park*, in dem die Geistlichkeit so gut abschneidet. (»Der vernünftigste Roman, den ich je gelesen habe!«[62]) Great Bookham liegt wie Highbury in *Emma* sieben Meilen von Box Hill entfernt, einem zweihundert Meter hohen Kreidehügel in der Kette der North Downs, dessen Name von den Buchsbäumen herrührt, die hier nicht als artige Gartenzier wachsen, sondern als dichte Wälle und große sperrige Bäume.

Box Hill war mit seinen geblümten Wiesen und der großartigen Aussicht über die halbe Grafschaft Surrey bereits im 17. Jahrhundert ein beliebtes Ausflugsziel. Daniel Defoe bemerkte in seiner *Tour through the Whole Island of Great Britain* (1724-26), daß sich dort oben »jeden Sonntag im Sommer ein großes Treffen von Kutschen und Reitern ereignete. Viele Damen und Herren ergingen sich in der frischen Luft und spazierten durch die Buchsbaumwälder, mit einem Wort, sie suchten dort Zerstreuung oder Laster, vielleicht auch beides, ganz wie es ihnen beliebte, und die Sache nahm ein solches Ausmaß an, daß es darüber im ganzen Land ein großes Geschrei gab.«

Auf Box Hill führt Jane Austen an einem schönen Sommertag die Picknick-Gesellschaft in *Emma*, von der alle verdrossen wieder nach Hause fahren. »Sie brauchtes, wenn sie dort ankamen, nur noch vergnügt zu sein. Sieben Meilen wurden in freudiger Erwartung zurückgelegt, und jedermann brach bei der Ankunft in Bewunderung aus, trotzdem war da von Anfang an irgendwie eine Unzulänglichkeit. […] Während der ganzen zwei Stunden, die sie auf dem Hügel verbrachten, war da ein Zug zur Trennung zwischen den einzelnen Gruppen zu verspüren, den selbst die schöne Aussicht, die kalte Verpflegung und der gutgelaunte Mr. Weston nicht zu beseitigen vermochte.«[63] Das grausame Spiel, bei dem jeder in der Runde etwas sehr Kluges oder sehr Dummes sagen muß, endet damit, daß Emma das harmlose geschwätzige alte Fräulein Bates beleidigt und von dem ritterlichen Mr. Knightley dafür kritisiert wird.

Box Hill mit seinen Heckenrosen, Schafweiden und schütteren Orchideenwiesen, seiner Vielzahl an Vögeln und Schmetterlingen steht heute unter der Obhut des National Trust. An Sonntagen ist der Auftrieb ungebrochen: Sonnenbadende, Picknickgesellschaften, Familien, Paare – und was sie in den Buchsbaumwäldern suchen, geht niemand was an.

Von Great Bookham rollte die Kutsche mit ihr weiter über

Sevenoaks, vorbei an Schloß Knole und Maidstone nach Canterbury. Die Grafschaft Kent ist ein besonders wohlgestaltetes Stück England, und war es schon zu ihrer Zeit: Land of hop and glory; nicht nur seit Jahrhunderten unter dem Pflug, mit Hopfen und Gerste bebaut, sondern vom Mittelalter bis zum 17. Jahrhundert auch das Zentrum der englischen Woll- und Eisenindustrie, die, so schreibt Nigel Nicolson, »sich rechtzeitig in die Midlands verlagerte und dem Süden damit die Auswüchse der Industriellen Revolution ersparte. Zurück blieben die ebenso soliden wie eleganten Herrenhäuser, die von den Gewinnen aus dem Handel erbaut worden waren.«[64] Hecken säumen die Weiden, Apfelbaumhaine werden von winddichten Gehölzsäumen beschirmt, und zwischen den sieben Hügeln schauen die spitzen Mützen der alten Hopfendarren heraus. Wer heute hier eine Kate bewohnt, hat viel Geld dafür bezahlt. Chevening bei Westerham ist eines der Dörfer am Weg, an dem die Moderne in Gestalt der M 25 unfern, aber unsichtbar vorbeirauscht: eine Zeile niedlicher Cottages aus Backstein und Tudor-Fachwerk, kleine Gärten und eine graue Kirche hinter einer üppig weiß berosten Friedhofsmauer. Chevening House aus dem 17. Jahrhundert, das verborgen von der Welt am Ende des Dorfes liegt, stelle, so liest man, das Vorbild für Rosings, den Sitz der gebieterischen Lady Catherine de Bourgh in *Stolz und Vorurteil* dar. Denn Rosings liegt ebenfalls bei Westerham. Einer von Janes entfernten Cousins war Pfarrer in Chevening und eine Dame von ähnlichem Kaliber namens Catherine Burghill war dort ansässig. Aber was beweist das?
Das Pfarrhaus lag damals in unmittelbarer Nähe des Her-

renhauses und nicht, wie im Roman, so weit davon entfernt, daß den Gästen für die Heimfahrt die Kutsche angeboten wird. Darüber hinaus verrät Jane Austen ihren Lesern von Rosings nur, daß es »ein hübsches modernes Gebäude war, das anmutig auf ansteigendem Gelände lag«.[65] Chevening House liegt im Tal; von den ansteigenden Kuhweiden ringsum sind ein paar Schornsteine hinter den Baumwipfeln zu erkennen. Das Haus ist eine Residenz des britischen Außenministers. Nur seine hohen Parkmauern erinnern daran, daß auch Lady Catherine de Bourgh es liebte, »den Standesunterschied ein wenig zu unterstreichen«.[66]

Erhärtet sind dagegen Austens Verbindungen zu Chilham, fünf Meilen südwestlich von Canterbury an der A28 und seinem roten Schloß aus dem Jahr 1616. Der Ort liegt zwei Meilen von Godmersham entfernt, ein Weg, den man heute besser nicht zu Fuß riskiert. Chilham ist eine berühmte Dorfschönheit. Der Andrang am Wochenende ist entsprechend, da die Bürger ihren Marktplatz, der von einer makellosen Reihe Tudorhäuser gesäumt wird, den vielen Touristen, die angebraust kommen, um seine historische Authentizität zu bewundern, als Parkplatz zur Verfügung stellen. An seinem östlichen Ende liegt die Kirche St. Mary, ganz aus Flintsteinen erbaut. Die eintausenddreihundert Jahre alte Eibe, die Jane Austen gekannt haben dürfte, wurde 1987 bei einem Sturm von stürzenden Bäumen tödlich getroffen und steht seither als eine von Geißblatt umrankte Ruine auf dem Kirchhof. Am anderen Ende des Marktplatzes liegt das Schloß, dessen Tor sich zu ausgesuchten Zeiten für Gartenbesucher öffnet.

Im Winter 1813 war Jane Austen mit ihrer Nichte Fanny

Knight für ein paar Tage auf Chilham, damals der Sitz einer Familie Wildman. Es muß recht amüsant gewesen sein. Sie traf dort auf Lady B., die Miss Austen »hübscher als erwartet fand. Du siehst also, ich bin gar nicht so übel, wie Du meinst«,[67] schreibt sie an Cassandra. Ihr achtunddreißigster Geburtstag stand kurz bevor, und mit dem Tanzen war es vorbei. »Ich muß mich damit abfinden, daß ich nicht mehr jung bin, aber es hat auch durchaus seine Reize, eine Art Anstandsdame zu sein. Man setzt mich auf das Sofa am Kamin, und ich kann so viel Wein trinken, wie mir schmeckt.«[68] Fanny und Miss Wildman musizierten, und »Mr. Wildman lauschte oder tat wenigstens so«. Am nächsten Tag fuhr die ganze Gesellschaft nach Canterbury zu einem Konzert. Danach war Jane so erschöpft, daß sie nicht wußte, wie sie den Ball am kommenden Donnerstag durchstehen sollte.

Drei Jahre später schien sich zwischen Fanny und Mr. Wildman etwas anzubahnen. Das Schloß gönnte Tante Jane ihr von Herzen, »aber es paßt mir einfach nicht, daß Du überhaupt heiraten willst […] Welch ein Verlust wird das sein, wenn Du verheiratet bist. Du bist einfach zu liebenswürdig in Deinem jetzigen Stand, zu liebenswürdig als Nichte. Ich werde Dich verabscheuen, wenn sich Dein köstlicher heller, lebhafter Geist über eheliche und mütterliche Angelegenheiten zur Ruhe setzen wird.«[69] Und noch ein Rat: »Fang nicht zu früh mit dem Kinderkriegen an.«

Als Jane Austen an ihre Lieblingsnichte schrieb, war sie bereits schwer krank. Fanny hatte seit ihrem fünfzehnten Lebensjahr, als ihre Mutter nach der Geburt ihres elften Kindes starb, die Rolle der großen verantwortungsvollen

Schwester für ihre kleinen Geschwister gespielt. Sie verliebte sich in eine ganze Reihe junger Männer, die sie mit Tante Jane gründlich besprach, aber es war am Ende nicht Mr. Wildman auf Chilham Castle, den sie nahm, sondern Sir Edward Knatchbull, ein zwölf Jahre älterer Witwer mit fünf Kindern, den Jane Austen nicht mehr erleben mußte. Fanny schenkte Sir Edward weitere sieben Kinder und wurde als Lady Knatchbull genau die Sorte Figur, über die Austen im Leben wie in ihren Romanen gespottet hat.

»Ja, meine Liebe«, schrieb Fanny als alte Dame an eine ihrer Schwestern, »es ist wahr, daß Tante Jane aus verschiedenen Gründen nicht so vornehm war, wie sie es von ihrem Talent her hätte sein sollen, und wenn sie fünfzig Jahre später gelebt hätte, hätte sie sich in mancher Hinsicht unserem vornehmen Geschmack wohl angepaßt. Sie waren nicht reich, und ihre Bekannten stammten nicht alle aus den ersten Familien; genauer gesagt, sie waren eher mittelmäßig, und obwohl die beiden viel gebildeter und kultivierter waren, standen sie natürlich auf der gleichen Ebene. Ich glaube, daß der Umgang mit Mrs. Knight (die sie sehr mochte und gütig zu ihnen war) beide im späteren Leben geformt hat, und Tante Jane war viel zu gescheit, um nicht alle Anzeichen von Gewöhnlichkeit (wenn der Ausdruck gestattet ist) abzulegen und vornehmer zu erscheinen. [...] Beide Tanten wuchsen in vollkommener Unkenntnis der Welt und ihrer Gepflogenheiten auf, und wäre Papas Heirat nicht gewesen, die sie nach Kent brachte [...], wären sie zwar nicht weniger gescheit und liebenswürdig gewesen, aber unter aller Kritik, was die gute Gesellschaft und ihre Formen betrifft.«[70]

Lady Knatchbull erinnerte sich nicht mehr an die konspirativen Treffen in Godmersham, wenn Tante Jane ihr hinter verschlossenen Türen aus ihren Manuskripten vorlas und die neidischen jüngeren Schwestern draußen nur perlendes Gelächter vernahmen. Sie erinnerte sich nicht, daß sie zusammen die Vorzüge und Mängel von Mr. Wildman, Mr. Plumtre, Mr. Haden und Mr. Scudamore durchgehechelt hatten und daß Fanny »die Wonne ihres Lebens« und ihrer Tante »fast wie eine jüngere Schwester war«.

Von Chilham führt die Mountain Road entlang der Schloßmauer steil bergab, steil wieder bergan, und bevor sie in einer Linkskurve verschwindet, kann man den Wagen abstellen, ein Gattertor aufdrücken und zu Fuß nach Godmersham im Tal des Stour weitergehen. Das war ihr Weg, wenn Edward die Chaise nicht schicken konnte, durch den Wald und dann an seinem Saum entlang, Holunder und Heckenrosen zur Linken, Felder und Koppeln zur Rechten, und das war ihr Blick, wenn sie dann ins Offene trat: das hellrote, langgestreckte Herrenhaus mit den zwei niedrigen Flügeln in luxuriöse Weite gelagert, die Eichen, Nußbäume und Kastanien, die in gemessenem Abstand voneinander über das Weideland präsidieren, und hübsch darauf verteilt Schafe mit schwarzen Gesichtern, die man in der Stille das Gras abknubbern hört. Bis hierher darf der Spurensucher vordringen; alles Weitere ist privat.

Als Frank im Juli 1806 nach Godmersham reiste, um dort seine junge Frau Mary vorzustellen, kamen sie auf diesem Weg angerollt. Schwester Jane begrüßte das »reizende Paar« mit einem Gedicht:

Godmersham, Edward Austen Knights Besitz in Kent

> Canterbury they have passed through;
> Next succeeded Stamford-bridge;
> Chilham village they came fast through;
> Now they've mounted yonder ridge.
> Down the hill they're swift proceeding
> Now they skirt the Park around;
> Lo! The Cattle sweetly feeding
> Scamper, startled at the sound![71]

Nach Aussage einer ihrer Nichten hatte sie sich die Verse – im Original sind es noch ein paar mehr – ausgedacht, als sie mit den Kindern am Fenster stand und auf die Kutsche wartete. »Sie war eine Tante, an die wir uns immer um Hilfe wenden konnten. Uns Kindern hat sie alles so leicht und heiter dargestellt. Zum Beispiel hat sie uns köstliche Geschichten aus Feenland erzählt, und ihre Feen waren alle kleine Persönlichkeiten. Ich bin sicher, daß sie die Geschichten im Augenblick des Erzählens erfunden hat, und zwar mit Fortsetzungen über zwei, drei Tage. Wir haben sie zu allen möglichen und unmöglichen Gelegenheiten darum angebettelt.«[72]

Nach dem Pfennigfuchsen zu Hause war es wunderbar, in Godmersham im Luxus zu schwelgen, sich mit Käsetoast, Wein und Eis verwöhnen zu lassen, Ruhe und Vergnügen nach Wunsch zu finden. In der Bibliothek wurde an kühlen Septemberabenden schon ein Feuer angezündet, während man sich in Chawton lieber ein wollenes Tuch über die Schultern legte. Im Vestibül, auf der Treppe, im Chintz Room, im White Room gab es ein ständiges Kommen und Gehen, und wenn die Austen-Knights nicht besucht wurden, schwärmten sie aus, um ihrerseits die Nachbarn zu besuchen. Die Herren gingen auf die Jagd, die Damen spazieren. Was machten eigentlich die Kinder?

Die Knaben begleiteten ihre Väter ins Freie, die Mädchen lernten, artige Briefe zu schreiben, denn die Frauen waren die Chronistinnen der Familie, ihre Nachrichten dienten der Sippe zur sozialen Pflege. Wie ging es Mutter? Waren die Strümpfe eingetroffen? Bitte um das Rezept für Orangenwein. War Frank befördert worden? Hatte Mary ihr Kind bekommen? Das wievielte? Erinnert sich der kleine George an Tante Jane? »Schreib etwas, das man vorlesen oder erzählen kann«,[73] ermahnt sie Fanny, denn die Familienbriefe standen auf dem Kaminsims, und wenn es wie in *Emma* herumsitzende Damen nicht durch schnellen Aufbruch verhindern konnten, wurden sie auch jedem vorgelesen. Fanny Knight hatte zwei Dutzend Korrespondentinnen, die sie auf dem laufenden halten mußte. Abends spielte man Scharaden, Backgammon und Karten oder zog über seine Bekannten her. Aber manchmal, wenn Edward auf seinen Ländereien unterwegs war und auch die Kinder aus dem Haus, fand Jane Zeit zum Schreiben und hatte in der Bibliothek »fünf Tische, achtundzwanzig Stühle und zwei Kaminfeuer für sich allein«. Zu Hause hatte sie einen Tisch, einen kleinen.

Von außen zeigt Godmersham sich heute (wieder) in der Gestalt, die Jane Austen kannte; innen, so hört man, ist es vollständig umgestaltet. Am Fuß eines Bergrückens gelegen und mit seinem weiten Blick sei es das Vorbild für Pemberley. In dem weißen Gartentempel am Hang habe sie *Mansfield Park* geschrieben, sich von dem Pfarrhaus in der

Nachbarschaft zu Mr. Collins' Heim inspirieren lassen, aber wieder einmal handelt es sich wohl eher um lokale Folklore als um literarische Gewißheit.

Besuche und Ausflüge führten die Familie in die Herrenhäuser der Nachbarschaft, an die See und nach Canterbury zu den Bällen, den Pferderennen und zum Einkaufen. Die Nichten bekamen neue Korsetts, und die Tante war froh, daß die Mode nicht mehr ganz so rigide war wie zu ihrer Zeit, als das Fischbein den Busen nach oben preßte. Im November 1813 fuhr Jane mit Edward in die alte Pilgerstadt. (Nichts hören wir über die Kathedrale; warum sollte Jane Cassandra auch eine Kirche beschreiben, die jene ebenfalls gesehen hatte? Aber wir erfahren, daß sie in einem Kurzwarenladen einen Blütenzweig »für ihre alten Tage« kauft.) Sie begleitete Edward in seiner Eigenschaft als Friedensrichter ins Gefängnis, das sie schon lange einmal sehen wollte, und »durchlebte alle Gefühle, die einem Menschen, der ein solches Gebäude besucht, widerfahren«.[74]

In Canterbury lebte Edwards Adoptivmutter, Catherine Knight, die Godmersham nach dem Tod ihres Mannes an den Erben übergeben hatte, in einem Haus namens White Friars. Auch sie wurde fleißig besucht und steckte Jane gelegentlich ein Geldgeschenk zu, das dann gern in einen neuen Umhang investiert wurde.

Bei Mrs. Knight war alles, wie es sein sollte – »Freundlichkeit, gute Gespräche, Abwechslung, keine Umstände«.[75] Sie saßen plaudernd und mit ihren Handarbeiten zusammen, während andere Damen und Herren kamen und gingen, bis es Zeit wurde, ein kleines Dessert einzunehmen – Obstkuchen und Gelee – und sich schließlich zurück-

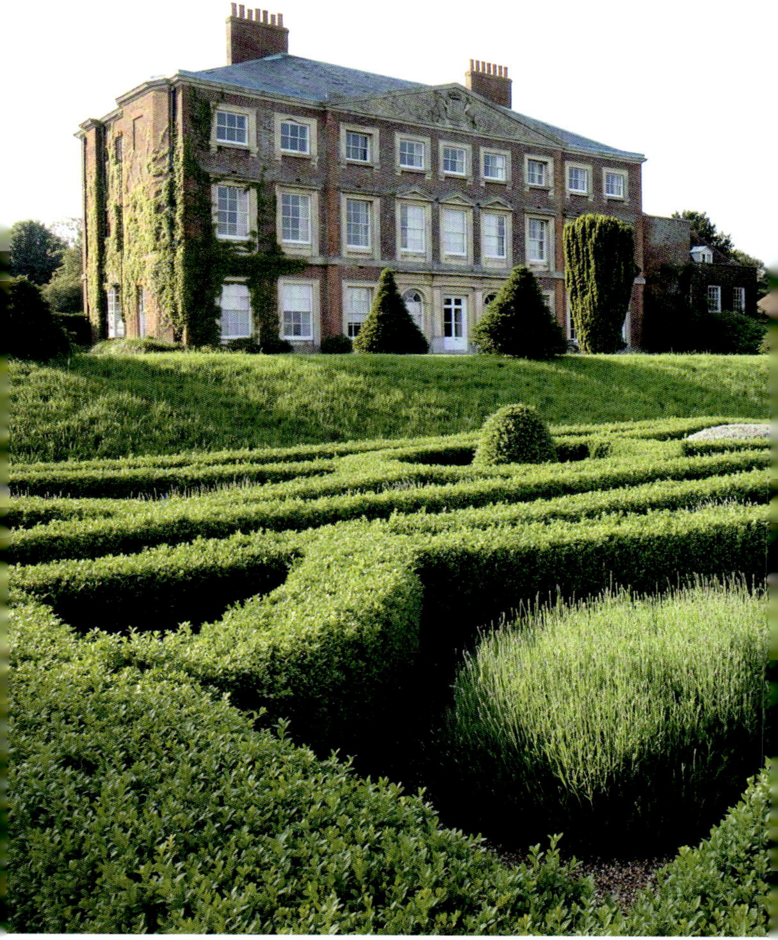

Goodnestone Park, wo Jane als junges Mädchen den Ball eröffnete

zuziehen. White Friars liegt heute unter einem Shopping Centre begraben.

Pflicht und Neigung führten Jane auch nach Goodnestone (sprich: Gunston) bei Wingham, sieben Meilen von Canterbury, östlich der B 2064, wo Edwards Schwiegermutter, Lady Bridges, die Witwe des dritten Barons von Goodnestone, Sir Brook Bridges, im Dowager House neben dem Herrensitz lebte (heute heißt es Goodnestone Farm und ist privat). Sie geriet dort sogar in den Genuß des besten Schlafzimmers im ersten Stock, dessen Bücherbretter und Eckregale sich in einem Zustand befanden, der bei den Austens zu Hause unbekannt war. »Wie gerne hätte meine Mutter hier aufgeräumt.«[76]

In Goodnestone Park hatte sie zehn Jahre zuvor als junges Mädchen getanzt, zwei Country Dances und eine Boulangerie. Sie hatte den Ball mit dem Sohn des Hauses eröffnet, aber zurück in ihre Gästebetten in einem Herrenhaus in der Nachbarschaft durften sie und ihre Brüder Frank und Henry anschließend zu Fuß gehen, unterm Regenschirm durch die Nacht. Es waren solche kleinen Zeichen der Bevorzugung (wurde die Kutsche noch einmal angespannt?) oder der Läßlichkeit (ein geliehener Schirm tat es auch), für die Jane Austen als arme Base sehr empfänglich war. In *Stolz und Vorurteil*, dessen erste Fassung *First Impressions* sie 1796 nach ihrem ersten Besuch auf Goodnestone Park zu schreiben begann, verstehen die Protagonisten meisterlich auf dieser Klaviatur zu spielen.

Die Bridges waren alter normannischer Adel und mit den Grafen von Sussex verwandt; die feinen Spuren ihres Dünkels reichen bis ins 19. Jahrhundert und in den Brief von

Fanny, Lady Knatchbull, in dem sie über die schlichte Herkunft von Tante Jane klagt. Wie vornehm die Verwandtschaft in Kent war, ließ sich schon an ihrer späten Dinnerstunde ablesen. »Wir essen nun um halb vier«, hatte sie Cassandra einmal aus Steventon geschrieben, »und sind fertig, wenn bei Euch wohl gerade das Tischtuch aufgelegt wird. Wir trinken Tee um halb sieben. Ich fürchte, Du wirst uns verachten.« In *Stolz und Vorurteil* speist man bei Mr. Bingley auf Netherfield um halb sieben.

Goodnestone Park ist ein großes, ebenmäßiges, klassisches Haus aus dem Jahr 1707 in verblichenem Rot. Es scheint verkehrtherum gebaut; zuerst nähert man sich seiner Rückseite, deren Fenster über absteigende Rasenterrassen voller Buchsbaumschnörkel auf das grüne Hügelland blicken. Tatsächlich war dies zu Austens Zeit auch die Front mit dem Eingang, der von einem späteren Brook Bridges auf die Rückseite verlegt wurde. Er ließ einen recht groß geratenen griechischen Portikus anbauen und eine neue Zufahrt anlegen, heute ein geschwungener, heckengesäumter Gartenweg, in dem sich die Düfte von Rosen und Jasmin mit dem Aroma des blühenden Kirschlorbeers mischen, der es ganz im Stil von Lady Catherine de Bourgh liebt, seine olfaktorische Überlegenheit ein wenig zu unterstreichen. Riesige Zedern umgeben das Haus, deren ausladende Äste sich auf den Rasen stützen, als habe das Alter sie auf Knie und Ellenbogen gezwungen. Goodnestone ist noch immer im Besitz der Familie, aber der Park und der ummauerte Garten sind im Sommer für das Publikum geöffnet.

An diesem Nachmittag, als das Kassenhäuschen längst geschlossen ist, die Tore aber offen stehen, liegt der Garten

leer zwischen seinen mürben Ziegelmauern, die älter sind als das Haus. Eine Stille hat sich darüber gebreitet, in der man nur flüstern möchte – einmal aus einer alten eingebimsten Zögerlichkeit, fremde Gattertürchen einfach aufzuklinken; andererseits ist der verlassene Garten von einem Zauber erfüllt, in dem man weniger auf einen strengen Zuruf (Was machen Sie denn hier?!) gefaßt ist, als auf Erscheinungen eines vergangenen Jahrhunderts. Natürlich sahen zu Austens Zeit die Gärten anders aus, formeller, weniger ein Bild wohl komponierter Sorglosigkeit, als eine Bühne für einzelne Spezies. Die Ära der Pflanzenjäger hatte gerade erst begonnen, und teure botanische Raritäten aus der Neuen Welt oder dem pazifischen Raum wurden Besuchern als Prestigeobjekte vorgestellt: mein Haus, mein Gainsborough, mein Garten, meine *Magnolia grandiflora*.
Der dritte Baron auf Goodnestone Park wandelte Ende des 18. Jahrhunderts die formalen Gärten in einen Landschaftspark um, und Generationen von Brook Bridges pflegten sie, doch ihre heutige Gestalt haben sie erst wieder in den letzten vierzig Jahren gewonnen, nachdem das Militär im Zweiten Weltkrieg dort kampiert hatte. Der Garten teilt sich in drei hintereinanderliegende Räume mit Rosen und Stauden und endet an der Mauer mit einer gewaltigen Glyzinie. Die Rabatten sind von samtweichem Rasen umgeben; eine gestutzte Eibenhecke, aus der dicke Zuckerhüte wachsen, steht wie eine Kulisse vor der Backsteinmauer. Zu ihren Füßen leuchten Iris, Fingerhut und Wildgladiolen. Ramblerrosen und Clematis wallen um ihre Krone.
Im 18. Jahrhundert war dies der Küchengarten, dessen Mauer dem Spalierobst den Rücken wärmte und gelbe Rüben,

Bohnen, Kürbis und Johannisbeeren vor Karnickeln und kalten Winden beschirmte. Die ehemaligen Stallungen grenzen von außen an die Mauer. Eine Kletterhortensie hat ihre weißen Spitzendeckchenblüten über die eingesunkenen Dächer geworfen. Auf dem First flötet eine Amsel. Eine duftende rote Rose, die niemand mehr schneidet, hat sich auf ihrem Weg nach oben an die Hortensie gehalten. Jane Austen schreibt nicht, wie es damals auf Goodnestone ausgesehen hat. Sie verfaßte keine Briefe für die Nachwelt, und ein Gemüsegarten zählte schon gar nicht zu den Sehenswürdigkeiten. Mr. Parker in *Sanditon* spricht von dem »ständigen lästigen Anblick seines Wachstums«, das er nicht vor Augen haben möchte, und der jährlichen Zumutung seiner verfaulenden Vegetation. »Wer hält den Anblick eines Kohlkopfbeetes im Oktober aus?«[77] Aber wenn es vor zweihundert Jahren diesen Blick durch fast maurisch anmutende Backsteinbögen auf den Rapunzelturm der Kirche von Goodnestone gegeben hat, wird Lady Bridges vielleicht darauf bestanden haben, ihn ihren Gästen auch zu zeigen. Der Turm steht auf Fundamenten aus dem 12. Jahrhundert und hätte der Mode des Pittoresken durchaus entsprochen.

Chawton

Jane Austen war vierunddreißig, als sie nach Chawton zog, und es scheint, als habe sie mit dem Ortswechsel auch die kreative Wüste von Bath und Southampton, wo sie nicht viel mehr als Briefe schrieb, durchschritten. In den acht ihr noch bleibenden Jahren verfaßte sie sechs Romane und begann einen siebten. Drei davon, *Die Abtei von Northanger*, *Verstand und Gefühl* und *Stolz und Vorurteil* hatte sie mit Anfang zwanzig in Steventon geschrieben; die mußte sie nur noch ein wenig umarbeiten. Dann *Mansfield Park*, begonnen im Februar 1811, beendet im Juni 1813, *Emma*, begonnen im Januar 1814, beendet im März 1815, *Anne Elliot*, begonnen im August 1815, beendet im August 1816. Cassandra führte Buch über Janes Arbeit. Henry trat in London als ihr Agent auf, vermittelte die ersten beiden Titel an den Verleger Thomas Egerton und später an das renommierte Haus von John Murray.

Am 7. Juli 1809 zogen Mrs. Austen, Jane, Cassandra und Martha Lloyd von Southampton nach Chawton. Ihr neues Heim war für ein Cottage recht groß und für ein Haus ziemlich klein, mit niedrigen Decken im Erdgeschoß, sechs Schlafkammern im ersten Stock und zwei Mansarden als Stauraum und Unterkunft für die Zofe oder den Diener eines Gastes. Jane und Cassandra teilten sich wie gewohnt das Schlafzimmer. Ihr Hausmädchen und die Köchin wohnten im Dorf. Die Hausfront liegt direkt an einer Straßengabelung. Jeder, der vorbeiging, konnte durch die

Fenster hineinblicken und die vier Damen beim Nähen oder Frühstücken betrachten. Doch die Überlandstraße wurde vermutlich eher als eine Quelle der Unterhaltung denn als Übel empfunden. Einmal täglich preschte die Postkutsche nach London sechsspännig vorbei, und nach den Ferien kamen die Chaisen mit Studenten aus Winchester aus der Gegenrichtung gerattert, alles »zukünftige Helden, Gesetzesgeber, Narren und Gauner«. Austens Nichte Caroline erinnerte sich im Alter: »Als Kind fand ich es ganz herrlich, wenn die schreckliche Stille in der Nacht vom Lärm vorbeifahrender Wagen unterbrochen wurde, deren Gepolter manchmal sogar das Bett zum Wanken brachte [...]. Alles in allem war das Haus behaglich und den Damen angemessen, obwohl die Mittel ihrer Lebenshaltung eher schmal waren.«[78]

Als erstes mußten sich die Damen im Dorf bekannt machen; dann schickte es sich, daß die Nachbarn den Besuch erwiderten. Der Reverend Papillon sprach vor, den die alte Mrs. Knight in ihrer großen Güte schon für Jane als Ehemann ausersehen hatte. (»Sie kann sich darauf verlassen, ich werde Mr. Papillon heiraten, wie groß sein oder mein Widerwillen auch sein mag. Diesen kleinen Gefallen schulde ich ihr.«[79]) Später kam »Mrs. Edwards zu Besuch [...] dann schauten Miss Beckford & Maria & Miss Woolls & Harriet B., vorbei. Meine Mutter freute sich, sie alle zu sehen, ich freute mich, sie verpaßt zu haben.«[80]

Das Dorf Chawton hat sich viel von seiner ländlichen Anmut bewahrt, und das Cottage mit dem Blumen- und Gemüsegarten, Waschhaus, Hühnerstall, einer Wiese für die beiden Esel und der Remise für eine kleine Kutsche ist ein

Chawton Cottage, ein Schrein für Austen-Verehrer

Austen-Schrein, in dem das wenige versammelt ist, das in zweihundert Jahren nicht abhanden gekommen oder zerfallen ist: die beiden Topas-Kreuze, die Charles den Schwestern von seinem ersten Prisengeld für ein französisches Schiff gekauft hatte, ein Armband aus Perlen und Türkisen, der gedrechselte Stab mit der Elfenbeinkugel an der Schnur, die sie angeblich bis zu hundertmal fangen konnte, eine verblichene Haarlocke, Notenhefte, Briefe, Erstausgaben und Cassandras silberne Teekanne. Das kleine Piano im Salon ist nur ein ähnliches Modell wie das, auf dem sie morgens zum eigenen Vergnügen spielte und wenn die Neffen und Nichten kamen und tanzen wollten. Der runde Tisch auf einem Bein am Eßzimmerfenster im Erdgeschoß, an dem sie geschrieben hat – nicht viel größer als eine Tortenplatte –, kam erst auf Umwegen wieder ins

Jane Austens Tisch in Chawton Cottage

Haus zurück. Mrs. Austen hatte ihn nach Janes Tod einer alten Dienerin geschenkt.

1948 kaufte Edward Carpenter das Cottage und vermachte es dem Jane Austen Memorial Trust. Sein Enkel Tom, Notar und auch schon ein älterer Herr, ist heute Kurator. »Den Besuchern sage ich gern, daß Shakespeare in der englischen Literatur die Goldmedaille gebührt, Jane Austen Silber; die Schwestern Brontë und Dickens können sich um Bronze bewerben.« Aber so sah man das zu Austens Lebzeiten noch nicht. Damals spielte sie in der Amateurliga, und alles andere war wichtiger als das Schreiben. So war Bruder James sehr daran gelegen, daß die literarische Tätigkeit einer Frau nicht »Stolz und Eitelkeit entflamme und sie nützlicher Hausarbeit entfremde«. Genialische Gesten oder vielleicht nur die Bitte um Ruhe und Ungestörtheit? Das hätte wohl auch ihrem Selbstverständnis als Gentlewoman und tätiges Mitglied einer großen Familie widersprochen. Feine Apfelkuchen gehörten durchaus zu ihrem häuslichen Glück.

Nur manchmal nahm sie den Seitenausgang ins Reich der

Gedanken, wischte sich die Hände ab oder stand von ihrer Näharbeit auf, ging lächelnd zu ihrem kleinen Tisch und notierte sich etwas. Niemand fragte. »Im Kreis ihrer Familie und Freunde erregte sie nie Mißfallen […] ihre Wünsche waren nicht nur vernünftig, sie wurden auch erfüllt.« So viel von Henrys Seite.

Sie war gern Tante und stand zur Verfügung, wenn man sie brauchte, auch wenn es nur die Neffen waren, die hereingerumpelt kamen, weil sie sich im großen Haus langweilten und mit ihr Mikado spielen wollten, oder die Knaben George und Edward, die mit den Hunden draußen herumtollten und sie anschließend »mit ihrem verwöhnten Tun oder einer Probe ihrer Jagd- und Sportversessenheit anwiderten«.[81] Dann schob sie angeblich ihr Manuskript unter die Näharbeit. Sie wollte nicht als Autorin erkannt werden, aber jeder Passant konnte sie am Fenster sitzen und schreiben sehen. Immer nur Briefe? Und die quietschende Tür, deren Angeln nicht geölt werden durften, weil sie sie angeblich vor fremden Besuchern warnten? Die Eßzimmertür konnte es wohl kaum gewesen sein, weil der Besuch mit dem Quietschen und der Klinke in der Hand im Zimmer stand.

»Architektonisch ist Chawton Cottage ein Murks, was nur von seinen ehrbaren Backsteinmauern aus dem 17. Jahrhundert und dem Garten gemildert wird«, urteilte Nigel Nicolson. »Es fehlt dem Haus an georgianischer Symmetrie […] und vieles bleibt ein Rätsel.« Nach Cassandras Tod 1845 ließen Edwards Erben das Cottage in drei Wohnungen für Farmarbeiter aufteilen; und obwohl es sorgfältig restauriert wurde, ist seine ursprüngliche Struktur nicht mehr ganz nachvollziehbar. Aber Mr. Carpenter, der Kurator, möchte nicht auf dieses hübsche Detail verzichten: Es war die Eßzimmertür! Sie ist Teil der Folklore um »dear Jane«, die die Öffentlichkeit scheute. Ihre Bücher gingen die Nachbarn nichts an. Nur kein Gegacker beim Tee! Der Neffe James Edward hatte zwei ihrer Romane gelesen, ehe ihm aufging, wer die Autorin war. Die Nichte Anna legte in der Leihbücherei von Alton *Verstand und Gefühl* auf den Tisch zurück und ließ ihre lächelnde Tante wissen, bei einem Buch mit einem derart einfältigen Titel könne es sich nur um literarischen Mist handeln. Daß am Ende doch jeder seinen Senf dazu geben mußte, daß Miss Dusautoy sich einbildete, Fanny Price zu sein, und sogar Frank sich in Kapitän Harville und seinen Hobbys wiedererkannte, konnte sie nicht verhindern, aber »sie versuchte den J. K. Rowling-Effekt vermeiden«, sagt Mr. Carpenter.

Beengte Verhältnisse, dünne Wände, schlagende Türen, Stimmen überall. Neben dem Eßzimmer mit dem deckenhohen Portrait von Edward Austen-Knight in römischer Landschaft, den Familienbildern und Scherenschnitten über dem Kamin und dem guten Wedgwoodgeschirr auf dem Tisch liegen der Salon und ein Vestibül. Die Stiege hinauf, in ihrem Schlafzimmer ist der Wandschrank mit dem blauen Wasch- und Nachtgeschirr aufgeklappt. Von dem chinesischen Handarbeitstisch hofft man, daß er der ihre war.

Die Tage in Chawton verliefen nach einem festen Plan. Jane war für das Frühstück und die Verwaltung von Tee, Kaffee, Zucker, Met und Obstwein zuständig, Martha und Cassandra führten den Haushalt, Mrs. Austen fuhrwerkte im Garten herum. Er war zu ihrer Zeit größer als heute, aber

Porträt von Edward Austen Knight in Chawton Cottage

vermutlich nicht ganz so prächtig. Caroline Austen erinnerte sich: »Ein hoher Holzzaun trennte das Grundstück von der Straße. Rundherum hatte man Bäume gepflanzt, die einen schönen langen Spazierweg säumten. Hecken und Gras wechselten sich auf angenehme Weise ab.« Es gab einen Hain mit Aprikosen-, Pflaumen- und Maulbeerbäumen. »Die Hühner sind alle am Leben und reif für den Kochtopf, aber wir heben sie für eine besondere Gelegenheit auf. Ein paar von den Blumensamen haben gekeimt, aber Deine Reseden sehen armselig aus«, meldet Jane der Schwester. »Unsere kleine Pfingstrose am Fuß der Tanne ist gerade aufgegangen und macht sich prächtig; die ganze Rabatte wird bald sehr fröhlich aussehen, voller Nelken und Bartnelken, zusammen mit der Akelei, die schon blüht. Auch der Flieder ist kurz vorm Aufbrechen. Es sieht nach einer reichen Pflaumenernte aus, aber die Reineclaude

trägt nicht sehr viel, es hängen kaum welche am Baum und am Spalier vielleicht drei oder vier Dutzend.«[82]
Heute liegt Chawton Cottage wie eine zufriedene alte Dame in ihrem wohlgemachten Bett aus feinstem Rasen, bekleidet mit weißen Rosen und Kletterhortensien, umkränzt von üppigen Rabatten und beschirmt von hohen Hainbuchenhecken. Es mangelt ihr nicht an Pflege und Gesellschaft. 37 000 Besucher kommen im Jahr. In den Beeten blühen alte Cottagegarten-Lieblinge: dunkelrote Dahlien, korallenrote Wicken, rot und weiß gestreifte Rosen, seidig zerknitterter Mohn, Frauenmantel, Tränendes Herz und Ringelblumen. In einer Ecke mischen sich wilde und kultivierte Stauden, Lichtnelken, Storchenschnabel und Fingerhut. Ein kleiner Küchengarten mit lavendelgesäumten Wegen umgibt die Wirtschaftsgebäude auf zwei Seiten. Was gab es zu essen? Mrs. Austen war eine der ersten, die Kartoffeln in Hampshire pflanzte, dazu Zwiebeln, Erbsen, Stangenbohnen, die an tipiförmig zusammengebundenen Stecken rankten, Tomaten, Lauch, Pastinaken, Rhabarber und Stachelbeeren. Auch die apart gemusterte Raupe des Stachelbeerspanners, die hier im Blattwerk raspelt, wird Mrs. Austen schon gekannt und vernichtet haben. Über den jungen Saaten klappern Schneckenhäuser an Schnüren aneinander und vertreiben räuberische Vögel. Auf dem Komposthaufen hinter der hohen Hecke runden sich die Kürbisse.
Eine Eiche, die Jane an der Gartenmauer zur Landstraße hin gepflanzt hatte und die noch immer grünte, stand 1985 der Straßenbaubehörde im Weg und wurde abgehackt; eine zweite hinter dem Backhaus bekam einen Pilz und mußte

ebenfalls weichen. Eine achtsame Kuratorin zog 1986 einen Eichenschößling, der sich an der Mauer ausgesät hatte, heraus und pflanzte ihn auf dem Rasen in sicherem Abstand von der staatlichen Kettensägenfraktion wieder ein.

Heißes Wasser für den Haushalt kam aus dem Kessel im Back- und Waschhaus. Man brühte darin auch das Schwein nach dem Schlachten ab. Martha Lloyds Kochbuch, dessen Seiten dort ausgestellt sind, beweist, daß die Damen wußten, wie man eine Sau einsalzt. Neben Gemüse und Kräutern, aus denen sie ihre Salben, Gesichtswässerchen und Tinkturen rührten, zeigt ein Beet mit einer riesigen Alant-Pflanze, mit Färberkamille, Färberwaid, Färberginster, Mädchenauge und Krapp, woran Hausfrauen und Hausmädchen im frühen 19. Jahrhundert auch noch denken mußten, selbst wenn die Stoffe außer Haus gegeben wurden. »Mein armer alter Musselin ist immer noch nicht gefärbt. Es ist mir nun so oft versprochen worden. Was sind Färber doch für schlechte Menschen. Ihre Seelen sind das erste, das sie in scharlachrote Sünde tunken.«[83]

Die Austens hatten keine Familienkutsche, nur ein Wägelchen für den Esel: zwei Deichseln, zwei Räder und auf der Achse ein hölzernes Bänkchen mit gedrechselter Lehne. Miss Austen und eine schmale Nichte mochten darauf Platz finden und gemächlich nach Alton zockeln. Doch meistens gingen die Damen zu Fuß, um Besorgungen zu machen, Bücher in der Leihbibliothek umzutauschen und auf dem Rückweg Miss Benn, die der bedürftigen und einfältigen Miss Bates aus *Emma* außerordentlich ähnlich sieht, in ihrer zusammenfallenden Kate zu besuchen.

Miss Benn war im Januar 1813 zum Essen bei den Austens,

als die ersten Exemplare von *Stolz und Vorurteil*, Janes »liebstem Herzenskind«, aus London eintrafen, »und abends saßen wir recht ausdauernd zusammen und lasen ihr die erste Hälfte des ersten Bandes vor. Wir schickten voraus, daß wir durch Henry vom bevorstehenden Erscheinen eines solchen Werkes erfahren und ihn gebeten hätten, uns, sobald es da sei, eine Ausgabe zu schicken. Ich glaube, sie hat nichts gemerkt, aber sie hat sich gut amüsiert, die arme Seele. Das konnte ja auch bei zwei solchen Führerinnen [wie Jane und ihre Mutter] nicht ausbleiben. Sie scheint Elizabeth aufrichtig zu bewundern.« Die Autorin gibt sich einer goldenen Anwandlung hin. »Ich muß gestehen, ich finde sie selbst eine der hinreißendsten Figuren, die je im Druck erschienen ist, und ich weiß nicht, wie ich den Leuten gnädig sein soll, die nicht wenigstens *sie* mögen.«[84] Die Fortsetzung verlief nicht ganz so erfolgreich, aber das lag weniger an Miss Benn als an Mrs. Austen, die sie viel zu schnell las. »Obwohl sie die Figuren ganz genau versteht, kann sie die Dialoge nicht so sprechen, wie es zu ihnen paßt. Im Ganzen gesehen, bin ich jedoch ziemlich stolz auf mich und recht zufrieden.«[85]

Von ihren vielen Nichten und Neffen hatten nur James Kinder schriftstellerisches Talent geerbt. Seine Älteste, Anna, war offenbar die Begabteste, aber auch ein ziemlich wildes Mädchen, das nicht lange fragte, ob sie sich die Haare abschneiden oder mit ihren Freundinnen bis in die Puppen aufbleiben durfte: »Syllabub [aus Milch, Wein und Zucker], Tee, Kaffee, Singen und Tanzen, ein warmer Imbiß nachts um elf und was man sich sonst noch Schönes vorstellen kann.«[86] Tante Jane, die nur ein gewisses Maß an weiblicher Aufsässigkeit tolerieren konnte, fand Anna nicht immer leicht zu lieben. Manchmal schreibt sie ihr voll Zärtlichkeit: »Wenn die Stachelbeeren reif sind, werde ich auf meiner Gartenbank sitzen, Stachelbeeren essen und an Dich denken, obwohl ich das auch ohne die Beihilfe der Stachelbeeren kann. Meine liebe Anna, es gibt keine, an die ich öfter denke und die ich lieber habe als Dich.«[87] Zusammen lasen sie schauerliche Romane, über die sie gemeinsam lachten, und Anna ließ sich von ihrer Tante anstecken, eine Parodie zu schreiben.

Aber oft war ihr diese Nichte auch zu eigenwillig; man wußte nie, was sie als nächstes anstellen würde. Sie verlobte sich zum Entsetzen der ganzen Verwandtschaft mit einem jungen Herrn namens Terry, nur um sich bald darauf wieder zu entloben und ihre Hand Benjamin Lefroy zu versprechen, dem jüngsten Sohn der Lefroys von Ashe, in deren Haus Jane mit einundzwanzig getanzt und sich in den Neffen Tom verliebt hatte. Der arme Ben war nicht von der zielstrebigen Sorte; er hatte keine Stellung und konnte seiner Braut auch kein eigenes Heim bieten. Doch Anna setzte ihren Kopf durch. Ihre Hochzeit an einem trüben, kalten Novembermorgen in St. Nicholas in Steventon war, nach Auskunft ihrer Halbschwester Caroline, »eine sehr stille Angelegenheit«: kein Ofen, der die Kirche ein wenig gewärmt hätte, keine Blumen, keine Freunde, keine Glückwünsche und auch keine Tanten aus Chawton.

Vor »Anna mit den vielen Gesichtern« nahm Tante Jane kein Blatt vor den Mund. Wohl nicht umsonst hießen sie und Cassandra mit Mitte dreißig »die Schrecklichen«, da sie das ausgelassene Treiben, das manche ihrer Brüder den

Kindern durchgehen ließen, scharf mißbilligten. Edwards Tochter Fanny war eine Ausnahme. Sie war von der bildsamen Sorte, goldig und vernünftig, anhänglich und lebhaft, ohne aufdringlich zu sein. Mit Fanny korrespondierte Jane ausführlich über deren Liebesangelegenheiten. Fanny wußte Bescheid, daß Tante Jane Schriftstellerin war und vermerkte im Tagebuch: nicht herumerzählen! Als Jane hörte, daß sie *Stolz und Vorurteil* gelesen hatte und Darcy und Elizabeth ihr gefielen, war sie sehr erfreut. »Alle anderen kann sie getrost verabscheuen.«[88]

Doch Anna – und ihrem Halbbruder James Edward – ist es zu verdanken, daß wir etwas über Austens Haltung zur Literatur und ihr Selbstverständnis als Schriftstellerin wissen. Als sie im Sommer 1814 genug mit *Emma* zu tun hat, findet sie immer noch Zeit, Annas Manuskript *Which is the heroine*, das ihr die Nichte in Fortsetzungen schickt, Cassandra vorzulesen und ausführlich kommentiert zurückzuschicken. Wichtig sind ihr gute Unterhaltung, handwerkliche Genauigkeit, ein plausibler Plot, glaubwürdige Figuren und der richtige Klang der Namen, für die Austen ein untrügliches Ohr hatte. »Rachael ist mehr, als ich ertragen kann [...] Newton Priors unvergleichlich [...] Progillian ganz köstlich.« Fasse Dich kurz, lautet ihr Rat, schreib nicht so viel, was links und rechts ist, behalte Dein Thema im Auge. »Junge Mädchen sind erst interessant, wenn sie erwachsen werden.«[89] Begib dich nicht auf schwankendes Terrain, auf dem Du Dich nicht auskennst, »laß die Portmans ruhig nach Irland reisen, aber da Du nichts über die Gepflogenheiten dort weißt, fahr lieber nicht mit«.[90] Ein Mann, der sich den Arm gebrochen hat, wird nicht am nächsten Tag in seinen Ställen zu sehen sein. Also hat er auch im Buch dort nichts zu suchen. Sie streicht eine Begegnung zwischen einem Lord und einem Mr. Griffin. »Ein Landarzt (sag das nicht Mr. C. Lyford) würde Herren seines Standes nicht vorgestellt.« Und von Dawlish nach Bath sind es fast hundert Meilen, das schafft kein Reisender an einem Tag. »Laß sie zwei Tage unterwegs sein.«

An anderer Stelle tilgt sie ein »meiner Treu«. Für einen Edelmann ist so ein Ausdruck zu gewöhnlich. Und hüte dich vor Melodramatik. »Daß Devereux Forester von seiner Eitelkeit in den Ruin getrieben wird, ist ausgezeichnet, aber ich wünschte, Du würdest ihn nicht in einen ›Abgrund der Ausschweifung‹ stoßen. Ich habe nichts gegen den Vorgang, aber ich mag den Ausdruck nicht. Er ist durch und durch Roman-Jargon und so alt, daß er Adam schon begegnet sein durfte, als er den ersten Roman aufschlug.«[91]

Nie waren sich Jane und ihre Nichte näher, die Schriftstellerin und ihre noch nicht ganz so professionelle Kollegin. So interessant ist Annas Manuskript, daß der Tod von Charles Frau Fanny in zwei Zeilen abgehandelt ist. Schon geht es weiter: Schick mir mehr! »Die Wahl Deiner Figuren gelingt Dir inzwischen ganz wunderbar, und Du versammelst sie genau an dem Fleck, der auch mein ganzes Entzücken ist: drei oder vier Familien auf dem Land, in einem Dorf sind genau das richtige; damit läßt sich trefflich arbeiten, und ich hoffe, Du schreibst noch viel mehr und ziehst den vollen Nutzen aus ihnen, solange sie so vorteilhaft zusammen sind […]. Von den nächsten Heften erwarte ich eine Menge gute Unterhaltung.«[92]

Aber Tante Jane hatte richtig vorausgesehen. Anna hatte

»keine Chance zu entkommen […] das arme Tier, sie wird verbraucht sein, ehe sie dreißig ist«. Die junge Frau sollte von sieben Schwangerschaften, von Armut, Krankheit und Abhängigkeit aufgezehrt werden. Ben Lefroy starb, als sie sechsunddreißig war. Anna versuchte, *Sanditon* zu Ende zu schreiben, aber es gelang nicht. Ihr eigenes Manuskript warf sie ins Feuer, als Jane tot war, Englands Jane, die ihr geschrieben hatte: »Für mich steht fest, daß ich keine anderen Romane mag außer denen von Miss Edgeworth, Dir & mir.«[93]

Auch Annas Halbbruder James Edward entwickelte literarischen Ehrgeiz. Sein Manuskript wurde abends in der Runde vorgelesen, und Tante Jane lobte das Werk als »außergewöhnlich gescheit, sehr flüssig und geistreich geschrieben«. Sie hoffte, daß er durchhielte. Aber anders als Anna und obwohl er so ein lieber Junge war, scheint sie ihn nicht immer ganz ernst genommen zu haben. »Onkel Henry schreibt ausgezeichnete Predigten«, verrät sie ihm. »Du und ich müssen sehen, ob wir ein, zwei davon ergattern, um sie in unseren Romanen zu verwenden. Sie würden einen ganzen Band ausmachen, und wir könnten unsere Heldinnen an Sonntagabenden daraus vorlesen lassen.« Sie hört, daß zweieinhalb Kapitel aus seinem Manuskript verschwunden sind, das war ja ungeheuerlich! Gut, daß sie lange nicht in Steventon war und deshalb nicht in den Verdacht geraten konnte, sie entwendet zu haben. »Zweieinhalb starke Äste für mein eigenes Nest, das hätte sich schon gelohnt. Allerdings glaube ich nicht, daß mir ein Diebstahl wirklich von Nutzen gewesen wäre.«
Austen war weit davon entfernt, ihr Licht als Autorin un-

ter den Scheffel zu stellen. »Ich bin recht stolz auf mich und ganz zufrieden«, hatte sie an Cassandra geschrieben, als *Stolz und Vorurteil* erschienen war, und sie kokettierte ein wenig mit seiner Leichtigkeit, Helle und seinem Gefunkel. Es mangele diesem Roman offensichtlich an gelehrten, ernsthaften Exkursen oder Füll- und Kontrastmaterial (wie einer längeren Sonntagspredigt). Das »kleine Stück Elfenbein (zwei Zoll breit), auf dem ich mit einem so feinen Pinsel strichele, daß es der vielen Arbeit zum Trotz am Ende nach so wenig aussieht«,[94] wird gern als Ausdruck literarischer Miniaturmalerei zitiert. Aber sie wählte dieses Bild, um sich von Edwards jugendlichem Werk und seinen »starken, männlichen, feurigen Bildern voller Glut und Farbe« abzusetzen. – Feuer, Glut und Farbe – es klingt, als lache da jemand über allzu starke Kontraste, nach denen der Leser gern »zurück zu Witz und Leichtigkeit des vorherrschenden Stils«[95] finden darf; Janes Stil.

Sechs Romane in acht Jahren; der feine Pinselstrich, tausende von Seiten, die sie mit ihrer klaren Handschrift füllte. Noch war die Stahlfeder nicht erfunden. Wenn der Gänsekiel anfing zu schmieren, mußte sie einen neuen zurechtschnitzen. Fünf am Tag wird sie verbraucht haben, wenn es gut lief. Wenn es nicht gut lief, wenn die beklagenswerte Miss Benn wieder vor der Tür stand oder Mr. Papillon oder die Neffen oder Mrs. Austen nach dem Johannisbeerwein fragte, klappte sie das Tintenfaß wieder zu. Miss Austens umfangreichstes Einzelstück ist kein Roman, sondern ein Patchworkquilt, den sie mit ihrer Mutter in feinster Näharbeit zusammenstichelte. Er ist frisch restauriert und liegt über einem der Betten im ersten Stock. Nichts im Cottage von Chawton verrät heute etwas von ihrem Genie; alles spricht von Haushalt, Familie und »stiller, glücklicher Beschäftigung« – by a Lady.

Das Herrenhaus von Chawton ist nur fünf Minuten vom Cottage entfernt. So, wie es am Fluchtpunkt einer langen schnurgeraden Zufahrt steht, stammt es vom Ende des 16. Jahrhunderts: graue Bruchsteinmauern und roter Backstein, zahlreiche Giebel und Schornsteine, die wie Säulen mit rundlichen Kapitellen aus dem Dachgebirge ragen. Rechts der Auffahrt liegen St. Nicholas Church und der Friedhof, auf dem Mrs. Austen und Cassandra beerdigt sind. Links weiden große braune Shire-Pferde mit zottigen Fesseln. Wenn Edward in Hampshire zu tun hatte oder Godmersham frisch gestrichen wurde, reiste er mit der ganzen Familie an. Zwischendurch wohnten die seefahrenden Brüder Frank und Charles im »Great House«. Heute beherbergt es eine Bibliothek mit Werken englischer Schriftstellerinnen von 1600 bis 1830. Zu ihren Schätzen gehören das Manuskript eines Theaterstücks, das Jane Austen als junges Mädchen nach Samuel Richardsons Roman *The History of Sir Charles Grandison* geschrieben hat – eine Zwanzig-Minuten-Angelegenheit mit einundzwanzig Rollen – sowie Erstausgaben von Lady Mary Wortley Montagu, Aphra Behn, Fanny Burney, Mary Shelley und Mary Wollstonecraft. Eine schwarze elisabethanische Eichenvertäfelung strahlt den gebotenen Ernst aus. Der Lesesaal ist für Literaturtouristen geschlossen; auch über knarrende Treppen und abschüssige Korridore bewegt man sich nur flüsternd und in einer Haltung, die äußerste Rücksichtnahme andeutet.

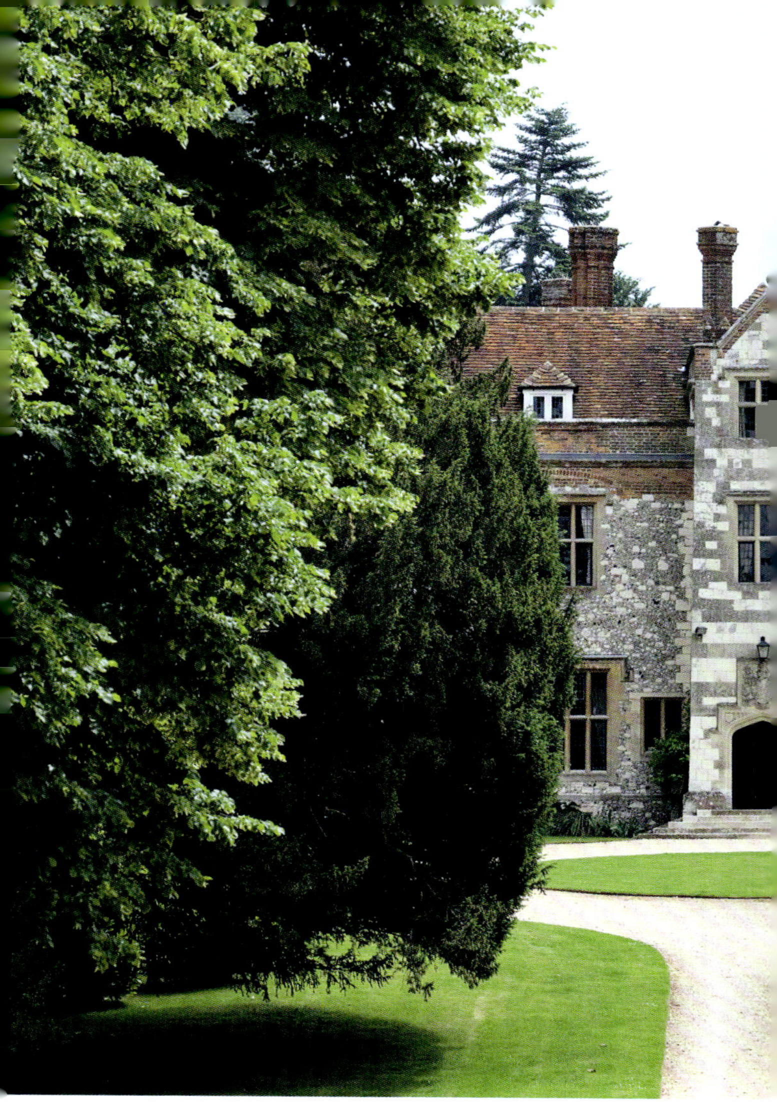

Auffahrt zu Chawton House, Edwards Herrenhaus in Hampshire

Von den Wänden blicken strenge Ahnen aus ihren Bilderrahmen. Janes Großneffe, Montague Knight, ließ im 19. Jahrhundert einige der großen Räume unterteilen, farbige Wappen in die Fenster setzen, Kaminattrappen einbauen und noch mehr ehrwürdiges Schnitzwerk anbringen. Jane kannte das Haus nur weiß verputzt und innen mit hellem Stuck versehen. Von einem kleinen Erker des »Oak Room« im ersten Stock über der Eingangstür heißt es, hier sei ihr Platz gewesen.

Man blickt durch sein Fenster auf die Straße, das Tor, die weiten Rasenflächen, die an einem Ha-ha enden, einer Stufe im Gelände, die das Weidevieh in dekorativem Abstand zur Staudenrabatte hielt, auf die Kirche und die Zufahrt. War sie früher von den alten Bäumen gesäumt, die Henrys knochentrockener Kompagnon Mr. Tilson einmal so ungeheuer bewunderte, aber bedauerte, daß man sie nicht zu Geld machte? Das war schnell geschehen und unersetzlich, wie Edward erfuhr, der die seinen umhacken mußte, um mit fünfzehntausend Pfund einen Kläger abzufinden und die Anwälte in seinem Erbschaftsprozeß zu bezahlen.

Wenn Jane Austen über Bäume schreibt, klingt immer Zuneigung mit. »Eine Allee zu fällen, wie schade!« sagt Fanny Price in *Mansfield Park* zu den radikalen »Verbesserungen« eines törichten Landbesitzers. Aber auf Fanny Price hört natürlich niemand. In *Verstand und Gefühl* ist Elinor (Verstand) froh, daß ihre Schwester Marianne (Gefühl) nicht mitbekommt, daß die großen Nußbäume in Norland Park gefällt wurden. Im letzten Kapitel von *Sanditon* fährt eine junge Frau zum letzten Mal durch eine Allee. »Der Weg […] war eine breite, schöne, von Bäumen gesäumte Zu-

fahrt zwischen Feldern, die am Ende einer Viertelmeile durch doppelte Tore in einen Park führte, der, wenn auch nicht sehr ausgedehnt, doch die ganze Schönheit und Ehrbarkeit für sich hatte, wie sie nur durch einen Reichtum an sehr schönen Bäumen entstehen können [...] dichte Gruppen schöner Ulmen und Reihen alten Weißdorns zogen sich fast am ganzen Gitter entlang.«[96]
Früher lag der Garten von Chawton House neben der Einfahrt, aber »Edward spricht davon, einen neuen anzulegen. Der gegenwärtige taugt nichts und liegt zu nahe an dem von Mr. Papillon.«[97] Der neue, eingefaßt von hohen Ziegelmauern, war auf der Kuppe hinter dem Haus geplant. Er wird gerade nach Edwards Plänen restauriert, samt Gewächshaus und Pflanzschuppen, Obstspalieren und von Buchs eingefaßten Gemüse- und Blumenbeeten. Seine ersten Bewohner sind zwölf Hennen, die das Kuratorium der Chawton House Library aus einer Legebatterie freigekauft hat. Vom Gartentor führt ein Weg durch die »Wilderness«, einen zurückhaltend gepflegten Wald, hinunter zum Friedhof. Außerhalb der Mauer haben Generationen von Knights ihre Haustiere begraben (Fly – unser lieber kleiner Foxterrier); drinnen liegen sie selbst, die Edwards, Elizabeths, Marys und Charles'. Weder bei den Austens noch bei den Knights ging ein Name schnell verloren.
Neben der flintsteingrauen Kirche sind Mrs. Austen und Cassandra begraben. Die Mutter starb 1827, die Schwester im März 1845, als sie sich in Portsmouth von Frank verabschieden wollte, der mit siebzig Jahren als Kommandant der amerikanischen und westindischen Verbände im Begriff war, mit zwei seiner Töchter nach Amerika zu segeln. Sie

123

War dies ihr Platz? Erker in Chawton House

war »eine blasse alte Dame mit dunklen Augen, freundlichem Lächeln und einer Hakennase in einem langen Umhang und einer großen Haube, beide aus schwarzem Satin«, erinnerte sich Nichte Mary. Cassandra starb in Franks Haus, als die Reisenden schon an Bord gegangen waren. Am Tag ihrer Beerdigung blies ein solcher Sturm, daß das Bahrtuch über dem Sarg fast davonflog und die kleine Trauergesellschaft in einem Wirbelwind von welkem Herbstlaub stand, der die Stimme des Pfarrers davontrug.

Man kann ihnen ganz nahe treten. Ihre flachen, oben ein wenig gerundeten Grabtafeln stehen Seite an Seite vor dem Grün der Hecke. »Möge ich eines Tages wieder mit ihr vereint sein«, hatte sie nach Janes Tod an Fanny Knight geschrieben. Jemand hat einen bunten Kiesel auf den Stein der Schwester gelegt. Dear Cassandra.

London

Jane Austens Lebenszeit fällt fast gänzlich in die sechzig Regierungsjahre von George III., eines schlichten, aber populären Monarchen – »Bauer George« –, unter dessen Herrschaft Britannien sich als ein Land der Freien fühlen durfte, auch wenn nach dem Willen des Königs die Landeskinder auf der anderen Seite des Atlantiks nicht in diesen Genuß kommen sollten. Sie mußten um ihre Freiheit kämpfen. Unter dem dritten George gingen die amerikanischen Kolonien 1783 dem Mutterland verloren. Dennoch stieg Großbritannien zur größten Kolonialmacht und zur führenden Industrie- und Handelsnation auf, wozu der Sklavenhandel kräftig beisteuerte.

Von den Medizinern seiner Zeit unerkannt, litt der König an einem ererbten Stoffwechselleiden, das ihn langsam verrückt werden ließ. Er fand keinen Schlaf, marschierte durch die Flure von Windsor Castle, stieß die Türen auf, redete stundenlang, atemlos, empört und in immer denselben Worten, bis seine Stimme brach. Er war nervös. NERVÖS, aber weder die Quellen von Cheltenham noch die barbarische Behandlung mit Brechweinstein verschafften ihm Erleichterung. 1810 wurde er aus dem Verkehr gezogen, und der älteste seiner nichtsnutzigen Söhne trat die Regentschaft an.

Mißtrauen und Abneigung gegen diesen neuen George teilte Jane Austen mit dem größten Teil des englischen Volks. »Prinny« hatte zu lange darauf warten müssen, etwas

Sinnvolles tun zu dürfen. Er war ein gutaussehender, geistreicher junger Mann gewesen, ein Förderer der Künste, der lange den Gegenpol zu der staubtrockenen und kulturlosen Hofhaltung seines Vaters darstellte. Der aber hielt ihn von jedem Amt fern, und jenseits der vierzig verlor sich der Prinz in Schwelgereien, was seine Residenzen, seine Garderobe, seinen Appetit und sein Liebesleben betraf und machte sich als aufgedunsener »Prinz der Wale«, »Prince of Whales«, zum Gespött seines Volkes.

Karoline, die Frau des künftigen Königs, eine geborene Prinzessin von Braunschweig-Wolfenbüttel, war eine ebenso unpopuläre Erscheinung, geistlos und ordinär, hatte jedoch die besseren PR-Strategen, und als George IV. sie vor seiner Krönung durch eine Scheidung loswerden wollte, richteten die Berater einen Brief an den Regenten, in dem sie das erlittene Unrecht gegen die Prinzessin auflisteten und dafür sorgten, daß die Zeitungen davon Wind bekamen. »Wahrscheinlich sitzt jetzt alle Welt über den Brief der Prinzessin von Wales zu Gericht«, schreibt Austen. »Die arme Frau, ich werde zu ihr halten, so lange es geht, weil sie eine Frau ist und weil ich ihren Mann hasse. Aber ich kann es ihr kaum verzeihen, daß sie schreibt, sie fühle sich einem Mann, den sie verabscheuen muß, ›verbunden und zugeneigt‹. Ich weiß nicht, was ich tun soll; aber wenn ich die Prinzessin aufgeben muß, bleibe ich dennoch davon überzeugt, daß sie anständig geblieben wäre, wenn der Prinz sie nicht erst so nichtswürdig behandelt hätte.«[98] Jane Austen konnte ja nicht ahnen, daß der schreckliche Prinz einen ausgezeichneten literarischen Geschmack besaß und ein begeisterter Leser ihrer Romane war.

Die zehn Jahre seiner Regentschaft waren eine Zeit des Aufbruchs. London wuchs zur größten Stadt der Welt an. Mit einer Million Einwohnern war es doppelt so groß wie Paris und als Finanzplatz bedeutender als Amsterdam, ein internationales Handelszentrum und Verlagsort einer respektlosen Presse. Neue, großzügige, bildschöne helle Viertel im klassischen Stil des Regency begannen die alte Stadt zu prägen: Regent Street, Portland Place, Regent's Park. Doch noch konnte man sie vom Turm von St. Paul's Cathedral überblicken und an einem Tag durchwandern. Chelsea lag im Grünen, Belgravia war Weideland, Paddington ein Dorf.

So stellte London zwar das Zentrum des wissenschaftlichen und technischen Fortschritts dar, aber nicht seinen literarischen Salon. Den meisten Autoren war der Geist, der dort wehte, zu laut und zu merkantil. Lord Byron war ins Ausland verschwunden, Wordsworth, Southey und Coleridge ließen sich um Windermere als die Lake Poets nieder; Sir Walter Scott lebte in Edinburgh, Maria Edgeworth in Irland, Fanny Burney in Frankreich. Und obwohl ihr Verleger John Murray, der auch Scott und Byron zu seinen Autoren zählte, sie vermutlich gern in den Club der Dichter eingeführt hätte, traf Austen in ihrem ganzen Leben keine andere literarische Persönlichkeit. 1792, als sie noch an ihren rabiaten Winz-Romanen schrieb, hatte Madame de Staël mit einer Truppe königstreuer französischer Emigranten in Juniper Hall bei Great Bookham, unfern von Onkel Cookes Pfarre, gelebt, ein Tatbestand, von dem sie sicher unterrichtet war. Zwanzig Jahre später in London schlug sie ein Treffen mit Madame de Staël aus, als die sich an der Lady, die *Verstand und Gefühl* geschrieben hatte, interessiert zeigte. War es Madames gewagter Ruf, der Miss Austen abschreckte? Fürchtete sie, Französisch sprechen zu müssen? Wollte sie den Rest eines Geheimnisses um ihre Autorenschaft wahren? Wieder wissen wir nichts und stellen uns etwas vor.

»Gefällt Ihnen London?« Diesmal ist es der schüchterne Edward Ferrars in *Verstand und Gefühl*, der Konversation zu machen versucht. »Überhaupt nicht«, platzt Marianne Dashwood heraus. »Ich habe mir viel Vergnügen von einem Aufenthalt hier versprochen, aber keins gefunden.« Und Jane Austen? Gerne zog sie über die Stadt her, die schmutziger als jeder aufgeweichte Feldweg war, aber wenn man erst einmal drin war, schien es dort gar nicht so übel zu sein. London war oft die erste oder letzte Station auf der Reise zwischen Kent und Hampshire. Als junges Mädchen stieg sie mit der Familie in einem Hotel in der Nähe von Piccadilly ab, wo die von Süden und Westen kommenden Postkutschen hielten und ihre Kisten und Körbe aus dem großen Haufen Gepäck aussortiert wurden. »Hier bin ich wieder inmitten von Ausschweifung und Laster und bemerke schon, wie meine Moral untergraben wird«, meldet sie 1776 an Cassandra. Ganz so wüst würde es nicht kommen. Abends ging sie mit Frank und Edward in Astley's Amphitheater bei der Westminster Bridge; ein Zirkus mit Reitermanege, den auch John Knightley und Familie in *Emma* besuchen.

Vom Land aus besehen war London nicht geheuer. »Gib gut auf Dich acht, damit Du nicht totgetrampelt wirst, wenn Du dem Zaren hinterherrennst!« warnt sie die Schwester vom sicheren Chawton aus, als im Juni 1814 nach der Restauration der Bourbonen der französische König Louis XVIII. und Zar Alexander I. von Rußland in London einritten. Der Zar war ein Publikumsliebling; die Leute drängten sich am Straßenrand und versuchten, sein Pferd zu küssen. – Babylon!

Nachdem Henry in London Teilhaber einer Bank geworden war, wohnte Jane oft wochenlang bei ihm und Eliza in mehr oder weniger prachtvollen Räumen, je nachdem, wie seine Aktien standen: 1803 in Upper Berkeley Street am Portman Square, unfern Marble Arch, ein Grün hinterm Staketenzaun, das noch immer den Anwohnern vorbehalten ist. Schon in einem frühen »unvollendeten Roman in Briefen« besitzt eine Lady Lesley am Portman Square ein »bezauberndes Haus«. Später würde dort die geschwätzige Mrs. Jennings in *Verstand und Gefühl* residieren. 1811 lebt Henry in Sloane Street Nr. 64, 1813, nach Elizas Tod, in Henrietta Street Nr. 10 am Covent Garden, und 1814 am Hans Place Nr. 23, dessen schön geschwungener Halbmond damals Teil eines ländlichen Vororts war. Janes Ortskenntnis kam ihr zupaß, als sie *Verstand und Gefühl* auf den neuesten Stand brachte. Wieder nennt sie keine Hausnummern, aber wir erfahren, daß Mrs. Ferrars ein Haus in Park Street im vornehmen Mayfair besitzt; die anderen Familien mieten sich zur Saison im neuen schicken West End ein: die Palmers am Hanover Square, John Dashwood in der Harley Street, Lady Middleton in Conduit Street, Oberst Brandon in der St. James's Street und Mr. Willoughby in Bond Street. In dieser Straße wird das Auge noch immer von allem angezogen, »was hübsch, teuer oder neu« ist, und man fühlt sich wie Mrs. Palmer, »die im Grunde alles kaufen wollte, sich für nichts entscheiden konnte und ihre Zeit mit Begeisterung und Unentschlossenheit vertrödelte«.[99] So sind sie wieder alle beisammen, die drei, vier Familien, diesmal in der Stadt.

Von den Häusern, in denen Jane ihren Bruder einst besuchte, steht nur noch das in Henrietta Street. Ein Laden – Rohan's – nimmt die Räume im Erdgeschoß ein, wo vor zweihundert Jahren die Bank von Austen, Maunde & Tilson Geschäfte machte. Henrys Wohnung befand sich darüber. Vor den Fenstern nahm schon in den frühen Morgenstunden das Leben Fahrt auf: Marktgetümmel in Covent Garden, die schrillen Rufe der Orangen- und Fischhändlerinnen, das Gedränge der Kuchenverkäufer, die Glockenschläge von den Kirchtürmen, das Knallen der Hufe auf dem Pflaster, das Rollen eisenbeschlagener Räder, das Knarren der Chaisen, im Sommer der Gestank der Kehrichthaufen, Kot, Biermaische und verfaulendes Gemüse, im Winter der Kohlenrauch, der Ruß und der Regen.

Aber man war ganz nahe am Ort des Geschehens; die Oper und die Theater in Drury Lane, Covent Garden und Haymarket lagen um die Ecke, die kleinere Bühne, das Lyceum am Strand. Jane nahm die Gelegenheit wahr, die großen Stars ihrer Zeit zu sehen: Edmund Kean als Shylock – ausgezeichnetes Spiel, aber die Rolle zu kurz, das Stück schlecht besetzt, die Inszenierung schwerfällig; Eliza O'Neal – »zwei Taschentücher mitgenommen, aber keins benutzt«; Sarah Siddons – schade, Henry hatte keine Karten mehr bekommen. Außerdem gab es wunderbare Hut- und Stoffgeschäfte, Spaziergänge in Kensington Gardens,

Ausfahrten im Hyde Park und eine Truppe indischer Jongleure in der Pall Mall.

»Ich muß Dir leider mitteilen, daß ich sehr extravagant werde und mein ganzes Geld ausgebe«, schreibt sie an Cassandra. »Und was für Dich schlimmer ist: Deins habe ich auch ausgegeben.«[100] Zu dem karierten Musselin hatte sie noch zehn Ellen eines besonders hübschen Stoffes mit roten Tupfen gefunden, nicht das, was Cassandra bestellt hatte, aber falls sie keine Verwendung dafür habe, würde sie ihn ganz für sich verbrauchen. Und nun weiter zu den Seidenstrümpfen, Bändern, Litzen, Spitzen, Knöpfen, Handschuhen und Hutgarnituren. »Ich bin wirklich unmöglich«, aber sie mußte ein Reiterhütchen aus Stroh haben, und eine Modistin in der Nachbarschaft war schon dabei, es zu flechten. »Er wird nur knapp eine Guinea kosten.«

Im April 1811 geben Henry und Eliza in der Sloane Street eine Gesellschaft für sechzig Gäste mit Dinner (»köstliche Seezungen«) und Musik: ein Harfenvirtuose, ein Klavierspieler am Piano forte und drei Sänger. Die Musik war ausgezeichnet, und »die Künstler waren alles in allem sehr zufriedenstellend. Sie taten, wofür sie bezahlt wurden und drängten sich nicht vor.«[101] Da es Austen im Salon bald zu warm wurde, rückte sie auf den kühleren Korridor, wo man zugleich Musik hören und mit vielen Herren, die um das Sofa herumstanden, plaudern konnte. Einer von ihnen wollte gehört haben, daß sich Charles Austen nach sechs Jahren in westindischen Gewässern mit der *Cleopatra* auf dem Heimweg nach England und schon im Ärmelkanal befinde, aber da der Mann bezecht war, traute sie seiner Auskunft nicht so ganz.

Es war schön, statt der Haube ein Band mit einer Blume im Haar zu tragen und einmal nicht als Schwester und Tante wahrgenommen zu werden, sondern als »eine anziehende junge Frau«, wie man ihr am nächsten Tag übermittelt. »Das muß reichen«, schreibt sie an Cassandra, »Besseres kann ich inzwischen nicht mehr erwarten und muß dankbar sein, wenn es noch ein paar Jahre so weitergeht.«[102] Vier Jahre später zeigt sie ein Scherenschnittporträt noch immer mit straffem Kinn, der Andeutung einer gebieterischen Nase und einer Fülle am Hinterkopf aufgesteckter Locken.

In Sloane Street korrigiert sie die Druckfahnen von *Verstand und Gefühl*. Sechzehn Jahre lang hatte ihr Jugendwerk als *Elinor und Marianne* in einer Schublade gelegen, ehe sie in Chawton Zeit gefunden hatte, es umzuarbeiten. Henry bot das Manuskript dem Londoner Verleger Egerton an, der es in Kommission nahm. Das bedeutete, daß die Autorin alle Kosten und Risiken tragen mußte, aber auch den Gewinn abzüglich zehn Prozent für den Verleger einstreichen durfte. Vorsorglich legt sie Geld zurück, falls es zu Deckungslücken kommen sollte.

Verstand und Gefühl ist ihr erstes Werk, das in Druck geht, und sie kann über dem ganzen Londoner Auftrieb »*V&G* so wenig vergessen wie eine Mutter ihren Säugling«. Henry macht den Setzern Beine, aber es geht trotzdem nur langsam voran. Natürlich würde das Buch nicht unter ihrem Namen erscheinen, sondern »by a Lady«, aber die Familie darf schon einmal Einblick nehmen. Die alte Mrs. Knight bedauert auf höchst schmeichelhafte Weise, daß sie mit der Fortsetzung bis Mai warten muß. Es gibt jedoch immer neue Verzögerungen, und *Verstand und Gefühl* erscheint erst im November 1811 in drei Bänden zu fünfzehn Schilling. Egerton geht gleich aufs Ganze: tausend Exemplare und nach zwei Jahren eine zweite Auflage. Das war sehr ordentlich, wenn man bedenkt, daß auf den Britischen Inseln nur acht bis zehn Millionen Menschen lebten, von denen vielleicht die Hälfte lesen und sehr viel weniger noch den enormen Preis für einen Roman – mehr als ein halbes Pfund – zahlen konnten. Selbst die *Times* druckte täglich nicht mehr als fünftausend Stück. »Es wird Dich freuen zu hören, daß *V & G* bis auf das letzte Exemplar verkauft ist«, schreibt sie an Frank, »und daß ich einhundertvierzig Pfund daran verdient habe.«[103]

Nachdem *Verstand und Gefühl* erschienen war und zwei literarische Blätter gute Kritiken gedruckt hatten, erhob sich in den lesenden Schichten ein langsam anschwellendes Summen: Wer war die Lady, deren Name auf dem Titel nicht genannt wurde? Austen fand es wunderbar, besprochen zu werden und trotzdem unerkannt zu bleiben. Und sie legte gleich nach. *First Impressions*, das ein Londoner Lektor vor fünfzehn Jahren nicht einmal lesen wollte, mußte nur noch ein bißchen »geputzt und gestutzt« werden. Egerton nimmt es ins Programm, kauft auch die Rechte und bringt es im Januar 1813 unter dem Titel *Stolz und Vorurteil* heraus. »Er hat mir einhundertzehn Pfund dafür gezahlt«, berichtet sie Martha Lloyd. »Ich hätte lieber einhundertfünfzig gehabt, aber wir konnten wohl nicht beide zufrieden sein.«[104] Auf dem Titel stand: »Von der Autorin von *Verstand und Gefühl*«.

Sie hofft nun, daß ihre Leser in die Buchhandlungen statt in die Leihbüchereien laufen werden. »Ich möchte, daß sich recht viele dazu verpflichtet fühlen *Stolz und Vorurteil* zu kaufen. Auch wenn es ihnen lästig sein sollte, stört mich das nicht, so lange sie nur kaufen.«[105] Alleinstehende Damen hatten so eine fatale Neigung zur Armut. Nun hatte sie sich nach zwei Romanen nicht nur zweihundertfünfzig Pfund erschrieben, sondern auch ein bißchen Unabhängigkeit, eine eigene Reisekasse und, wie sie hoffte, ein kleines Guthaben fürs Alter. »Denk dran, es ist ein Geschenk. Weis' es nicht zurück. Ich bin sehr reich«,[106] gibt sie Cassandra zusammen mit einigen Ellen Popeline auf den Weg. Im Juni sind eintausendfünfhundert Exemplare von *Stolz und Vorurteil* verkauft.

Dabei war ihr Reichtum recht bescheiden, denn was heute tantiemenfrei über den Bücher- und Medienmarkt flottiert, kam zu ihrer Zeit nur langsam in Schwung. Die Rezensenten schenkten Romanen viel weniger Aufmerksamkeit als historischen, philosophischen Werken und Reisebeschreibungen. Die meisten Exemplare gingen gleich an die Leihbüchereien, die ihre Abonnenten auch in den Schichten fanden, die sich den Preis für eine Neuerscheinung klaglos leisten konnten. Diese »Circulating Libraries« waren keine finsteren Kabinette voll speckiger alter Schwarten in den Hinterzimmern der Schreibwarenhändler, sondern elegante Salons, in denen man einen Blick in die Zeitung warf, Neuerscheinungen durchblätterte, plauderte, sich sehen ließ. Aber von guten Kritiken allein wurde auch Jane Austen nicht reich. Alles in allem verdiente sie zu ihren Lebzeiten weniger als siebenhundert Pfund, da sie die Verluste von einbrechenden zweiten Auflagen mittragen mußte.

Als Eliza im April 1813 stirbt, zieht Henry in die Wohnung

über seiner Bank in Henrietta Street, wo ihn Jane, sein Bruder Edward und drei Nichten im September besuchen. Fanny und Tante Jane teilen sich das Bett der »armen Eliza«, der Bruder zieht ins Hotel. Seiner ältesten Tochter und Schwester Jane steckt »der liebe schöne Edward« fünf Pfund extra zu und begleitet sie zum Einkaufen. In Grafton House läßt er sich einen Stuhl bringen, während die beiden eine Stunde lang in Seide, Musselin und Bombasin kramen. Ein halbes Jahr zuvor war aus dem Austen ein Knight geworden. Nun begibt man sich zu Wedgwood, um ein neues Service mit dem Familienwappen in Auftrag zu geben. Henry besorgt Theaterkarten für *Don Juan*, und während die Mädchen gebannt zuhören, verschwatzen Bruder und Schwester die Aufführung im Dunkel ihrer Loge. Sie hatte ihr erstes Konto eröffnet, und der Reichtum mußte angelegt werden. »Es hat nur dazu geführt, daß mich nach mehr verlangt. Ich habe auch schon etwas in Arbeit, das sich in der Folge von *S&V* hoffentlich gut verkaufen wird, auch wenn es nur halb so unterhaltsam zu werden verspricht.«[107] Das war *Mansfield Park*. Leider ein Flop und wieder auf ihre Kosten.

An einem Maitag läßt sie sich allein in Henrys Kutsche spazierenfahren. Es gefiel ihr außerordentlich. »Ich habe das Gefühl meiner einsamen Eleganz genossen und hätte am liebsten die ganze Zeit darüber gelacht; hier zu sitzen, wo ich saß. Dabei konnte ich mich kaum des Gefühls erwehren, daß ich eigentlich kein Recht hatte, in einem offenen Landauer durch London kutschiert zu werden.«[108] Sie möchte noch immer nicht als erfolgreiche Romanautorin erkannt werden; jedem in der Familie wurde das eingeschärft, aber es ist der eitle Henry, der den Mund nicht halten kann. »By a Lady« – von wegen! »Das liebe Geschöpf« schwatzte es überall herum, als habe sie es ihm aufgetragen, beklagt sie sich bei Frank. Henrys Indiskretion sei vermutlich von Stolz und brüderlicher Liebe geleitet, aber sie ärgert sich. Seine losen Reden führten dazu, daß eine seiner Damenbekanntschaften ihr vorgestellt werden wollte. Die Dame ihr – schrecklicher Gedanke, aber »wenn man mich schon zu einer literarischen Salonlöwin macht, ist das nicht mein Fehler«.[109]

Im Sommer 1813 ist ihre Autorenschaft kaum noch der Schatten eines Geheimnisses. »Aber ich denke, wann immer der dritte Roman erscheinen sollte, werde ich den Leuten keine Lügen mehr erzählen«, verrät sie Frank. »Eher werde ich versuchen, so viel Geld wie möglich aus dem Geheimnis zu schlagen. Sie sollen für ihr Wissen zahlen, wenn ich sie dazu bringen kann.«[110]

Sie habe, als sie zu schreiben begann, nicht nach Ruhm und Verdienst gestrebt, versicherte Henry, dabei dachte sie durchaus daran, sich ein wenig Reichtum zu erschreiben, aber vielleicht paßte eine aufs Geld versessene Jane einfach nicht in das Bild, das Henry der Welt von »unserer Autorin« überliefern wollte.

Henry Austen war ein erstaunlich biegsamer Mann, sehr charmant, vielleicht ein Blender, vielleicht einer, der nicht zuließ, daß sich die Sorgenvögel auf seinen Schultern niederließen, geschweige denn Nester bauten. Über Elizas Tod war er erstaunlich schnell hinweggekommen. »Sein Sinn ist kein Sinn, der nach Trübsal steht, wenn ich es einmal so sagen darf«, schreibt Jane ein wenig spöttisch an Frank, als sie Henry ein Vierteljahr später in London besucht. »Er ist zu beschäftigt, zu rege, zu heiter. So herzlich er der armen Eliza auch zugetan war, und so vorbildlich er sich ihr gegenüber verhalten hat, war er doch gewohnt, oft und lange von ihr getrennt zu sein, so daß ihr Verlust ihn nicht ganz so hart trifft, wie es bei einer sehr geliebten Frau sonst der Fall wäre, besonders wenn man die Umstände ihrer langen, schrecklichen Krankheit bedenkt. Er wußte schon lange, daß sie sterben würde, und so kam ihr Tod am Ende als eine Erlösung.«[111]

Nun ist er aus der geschäftigen City wieder an den Rand gezogen: Hans Place Nr. 22, ein »entzückendes Haus, viel schöner, als ich erwartet hatte […] geräumiger und behaglicher, und der Garten ist eine wahre Pracht.«[112] Jenseits des Platzes beginnen schon die Felder. Dort liegt der Park von Lady Denis, die auf vier Hektar ein Dutzend Ruinen aus verschiedenen Epochen aufgebaut hatte: Eremitagen, Säulen, Urnen und Statuen zwischen Grotten, Felslandschaften mit Festungen, Teichen, Inseln und Brücken, und in dem Tohuwabohu Bären, Füchse und Rehwild hielt.

Henry möchte, daß Jane seine neue Errungenschaft, eine Miss Moore, besser kennenlernt. Sie ist überzeugt, daß er bald wieder heiraten wird, aber nachdem das Bankhaus Austen, Maunde & Tilson im März 1816 Bankrott anmeldete, ist weder von Miss Moore noch von anderen »Favoritinnen« mehr die Rede. Henry verheiratete sich erst drei Jahre nach Janes Tod mit der Nichte eines Pfarrers, deren Mangel an Glamour seinen neuen Lebensumständen durchaus entsprach. Zeitweise wohnten die beiden bei Cassandra in Chawton, danach wurden sie in verschienen englischen Badeorten gesichtet, vorwiegend in den weniger eleganten Vierteln.

Für ihren neuen Roman *Emma* war Jane Austen von Egerton zu dem renommierten Verlagshaus Murray gewechselt, und der neue Partner hatte ihr ein Angebot gemacht, das sie nicht ausschlagen konnte. »Mr. Murrays Brief ist gekommen«, meldet sie im Oktober 1815. »Er ist natürlich ein Gauner, aber ein höflicher. Er bietet vierhundertfünfzig Pfund [für *Emma*], aber dafür will er auch das Copyright von *Mansfield Park* und *Verstand und Gefühl*. Es läuft wohl wieder darauf hinaus, daß ich auf eigenes Risiko publiziere.« Was sie dann auch tat. »Er schickt allerdings mehr Lob als ich erwartet hatte.«[113] Bisher hatte Henry die Verhandlungen mit Murray geführt, da es doch nicht recht schicklich erschien, daß Schwester Jane sich als Geschäftsfrau in den Vordergrund drängte, aber Ende Oktober 1815 wurde er plötzlich sehr krank: ein Fieber; der Magen? die Galle? Mr. Haden, ein junger Chirurg und Apotheker, wurde gerufen und zapfte dem Patienten halbliterweise Blut ab, worauf es ihm noch schlechter ging. Jane alarmierte die Familie; schon war man auf das Schlimmste gefaßt, aber Henry erholte sich wieder.

Die Bekanntschaft mit Mr. Haden hatte jedoch interessante Folgen. Der junge Mann war erstaunlich kultiviert und belesen, und er war mit dem Reverend James Stanier Clarke, dem Bibliothekar des Prinzregenten, bekannt. Bald hatte Mr. Haden herausgefunden, daß die Dame, die an Mr. Austens Bett wachte und schrieb, die Autorin von *Stolz und Vorurteil* war, und er freute sich, ihr mitzuteilen, daß der Prinzregent ein großer Bewunderer ihrer Romane sei und eine Gesamtausgabe in jeder seiner Residenzen eingestellt habe. Auf umgekehrtem Weg erfuhr seine Königliche Hoheit, daß die Lady in London weilte, und kurz darauf erging eine Einladung: Der Reverend Mr. Clarke, erwartete Miss Austen in Carlton House, um ihr die königliche Stadtresidenz zu zeigen.

Am 13. November 1815 fuhr sie hin. Carlton House lag an der Pall Mall; von außen neoklassizistisch, herrschte in seinem Innern »Prinnys« ausgefallener Geschmack, ein Vorschein der Extravaganz, die er sich bald darauf in Brighton mit seinem indisch-orientalischen Palast, dem Royal Pavilion, leisten sollte, und Ausdruck einer spezifischen »madness«, mit der das Haus Hannover seine Untertanen zu verblüffen liebte. Carlton House wurde 1794 gebaut, und George IV. stand bei seinen Handwerkern und Schneidern mit sechshundertdreißigtausend Pfund in der Kreide, denn er hatte bei der Ausstattung seiner Residenz gleichwohl nicht gespart. Der rote Salon wurde von einer vergoldeten Decke überwölbt, die Wände waren mit Seidendamast bespannt, die Gemächer mit Samt ausgeschlagen. Im Speisezimmer spreizten sich die drei steingewordenen Straußenfedern im Wappen des Prince of Wales über den Säulen. (Das ebenfalls eingemeißelte Motto »Ich dien« entsprach weniger seinen Intentionen.) Der Prinzregent verlor jedoch bald das Interesse an seinem teuren Heim und wandte sich der Verschönerung des Buckingham-Palasts zu. Carlton House wurde 1827 abgerissen. Übrig blieben die Säulen des Portikus. Sie rahmen heute den Eingang der National Gallery am Trafalgar Square.

Der Reverend Clarke, der offenbar ein Amtsbruder des

dickfelligen und beflissenen Mr. Collins aus *Stolz und Vorurteil* war, überbrachte noch einmal die Komplimente des Prinzregenten, denen er sich von Herzen anschloß, und richtete aus, daß seine Königliche Hoheit der Autorin, sofern sie ein neues Werk in Arbeit habe, gestatte, es ihm zu widmen. Wie war das nun wieder zu verstehen? Als eine hohe Ehre, die sie selbstverständlich nicht ablehnen konnte. *Emma* war gerade im Druck und erschien folglich im Dezember 1815, »seiner Königlichen Hoheit von seinem ehrerbietigen und gehorsamen Diener, dem Autor zugeeignet«. Weniger konnte sie nicht tun.

Allerdings konnte ein Hinweis auf die Gnade der Königlichen Hoheit nicht schaden, um Mr. Murray etwas anzuspornen. Da Henry krank war, kümmerte sie sich selbst um *Emma*. »Bitte seien Sie so freundlich, mich hier aufzusuchen«, schreibt sie barsch an den Verleger, und: »Ich bin sehr enttäuscht und verärgert über die Verspätung der Druckerei […] Es ist von höchster Wichtigkeit, daß keine Zeit mehr verlorengeht.«[114] Mr. Murray entschuldigte sich – die Papierlieferanten! Botenjungen würden künftig die Korrekturfahnen zwischen Albemarle und Henrietta Street hin und her tragen. Sie war besänftigt. »Es wird Sie freuen, zu hören, daß ich ein Dankschreiben des Prinzregenten für die ›geschmackvolle Ausstattung‹ von *Emma* erhalten habe. Was immer er von meinem Anteil an dem Werk hält, der Ihre scheint zu gefallen.«[115] Es war eine Vorzugsausgabe in rotem Ziegenleder mit Goldapplikationen, die heute in der Bibliothek von Windsor Castle steht. An ihrem vierzigsten Geburtstag hält sie das neue Kind in der Hand. »Liebe Anna«, schreibt sie an ihre Nichte, »ich wünsche mir sehr,

Deine Jemima [das neue Baby] kennenzulernen, und Du wirst vielleicht gerne meine *Emma* sehen, die ich Dir anbei schicke.«

Doch der Reverend Clarke war noch nicht fertig mit Miss Austen. Er gab sich ihr als Kollege zu erkennen (»Ich suche Mut zu fassen, mich den scharfen Messern zu widersetzen, die schon manch ein Shylock wetzt, um mir mehr als ein Pfund Fleisch aus dem Herzen zu schneiden, wenn erst mein *James II.* erscheint.«[116]) und schlug ihr ziemlich unverblümt vor, sie möge einen Geistlichen wie ihn zum Helden ihres nächsten Romans machen. Dazu lieferte er auch gleich eine kleine Charakterzeichnung und Vorschläge zur Handlung: »Schenken Sie uns einen englischen Geistlichen ganz nach Ihren Vorstellungen – viele neue Gedanken mögen da einfließen –, zeigen Sie uns, liebe gnädige Frau, wie viel Gutes aus der völligen Abschaffung des Kirchenzehnten erwüchse, und beschreiben Sie ihn, wie er seine eigene Mutter begräbt – wie ich es tat –, weil der Gemeindepfarrer ihrer sterblichen Hülle nicht die gebotene letzte Ehre erweisen wollte. Ich habe mich nie wieder von diesem Schock erholt. Schicken Sie Ihren Geistlichen zur See als Freund eines hohen Marineoffiziers bei Hofe.«[117]

Sie bewahrte Haltung. Und sie tat, was viele Frauen, deren »Genie« Männer unter fadenscheinigen Vorwänden hervorlocken wollen, tun: Sie machte sich klein. »Daß Sie mich für fähig halten, einen Geistlichen wie Sie ihn entworfen haben, zu gestalten, ehrt mich sehr. Ich versichere Sie jedoch, ich kann es nicht. Den komischen Seiten des Charakters wäre ich vielleicht gewachsen, nicht aber seinem Ernst, seinem Eifer, seiner Bildung. Die Gespräche

eines solchen Mannes müssen sich zuweilen um wissenschaftliche und philosophische Themen drehen, von denen ich nichts verstehe […] Ich glaube, ich kann mich in aller Eitelkeit rühmen, die ungebildetste und unwissendste Frau zu sein, die es je gewagt hat, Schriftstellerin zu werden.«[118]
Mr. Clarke hatte vermutlich nicht an die komischen Seiten seiner Existenz gedacht. Drei Monate später kam er auf eine neue Idee. Inzwischen hatte er den Posten eines Kaplans und Privatsekretärs des Prinzen Leopold von Sachsen-Coburg inne, der im Begriff stand, sich mit Charlotte, der einzigen Tochter des Prinzregenten zu vermählen. Was hielte die liebe Miss Austen von der Geschichte des erlauchten Hauses Coburg? fragte Mr. Clarke. Verspräche eine historische Romanze nicht ein großer Erfolg zu werden? Die liebe Miss Austen hatte offenbar inzwischen genug von ihm. »Ich könnte eine Romanze ebenso wenig schreiben wie ein episches Gedicht […] es sei denn, es ginge um Leben und Tod; und wenn dies der Fall wäre, wenn ich schreiben müßte und niemals zu meiner Erholung über mich oder andere Leute lachen dürfte, würde ich mich ganz bestimmt aufhängen, noch ehe ich das erste Kapitel beendet hätte.«[119]
Danach war Ruhe.
In diesem Herbst 1815 erholt sich Henry von seinem Fieber. Der pflichtbewußte Mr. Haden kommt jeden Tag zum Hans Place, um seinem Patienten den Puls zu fühlen, bleibt aber auch gern etwas länger, um sich mit der Autorin zu unterhalten. »Morgen wird Mr. Haden zum Dinner erscheinen. Welche Freude. Wir haben Mr. Haden inzwischen so gern, daß ich nicht weiß, was ich noch erwarten soll.«[120]
Er schätzt *Stolz und Vorurteil*, zieht *Mansfield Park* jedoch vor.

Sie kann wunderbar mit ihm streiten und über ihn lachen. Mr. Haden, elf Jahre jünger als sie, und ein viel zu warmer Dezember steigen ihr offenbar zu Kopf. Obwohl sie ihn selbst einen Apotheker genannt hatte, rügt sie Cassandra nun: »Du nennst ihn einen Apotheker. Er ist kein Apotheker, war nie ein Apotheker, und kein Apotheker wohnt in seiner Nachbarschaft […] er ist ein Haden, nichts weiter als ein Haden, eine Art bisher unbeschriebene Spezies auf zwei Beinen, etwas zwischen Mann und Engel und ohne die geringste Spur von Apotheker.« So viel Enthusiasmus kommt bei Miss Austen sonst eher selten vor. Sie genießt das köstliche Wetter, »rundherum, von Kopf bis Fuß, von links nach rechts, der Länge, Breite und Quere nach; – und ich hoffe ganz eigensüchtig, daß es bis Weihnachten so bleibt; – schönes, ungesundes, unzeitgemäßes, behagliches, drückendes, schwüles Wetter!«[121]

Aber natürlich hält es nicht. Das nächste, was wir hören, ist, daß Fanny – zweiundzwanzig Jahre alt – ihren Onkel Henry besucht und dort auf Mr. Haden trifft, der auch noch über andere Themen als *Mansfield Park* plaudern kann. »Fanny und Mr. Haden auf zwei Stühlen (ich glaube wenigstens, daß es zwei Stühle waren), die ununterbrochen miteinander sprachen […] und was kommt als nächstes? Natürlich Mr. Haden, morgen wieder zum Abendessen.«[122] Henry würde es wohl erst erlaubt sein, vollständig zu gesunden, wenn Fanny abgereist sei, vermutet sie.

Der Winter 1815 sollte Jane Austens letzter Aufenthalt in London sein. Im April bittet sie John Murray, »wegen des traurigen Ereignisses in Henrietta Street«,[123] seine künftige Korrespondenz nach Chawton zu richten. Henry war am 16. März mit seiner Bank bankrott gegangen; er war nicht nur persönlich ruiniert, sondern hatte auch seine Familie mit hineingerissen. Jane kam mit dreizehn Pfund am glimpflichsten davon; sie hatte den größten Teil ihrer Gewinne – sechshundert Pfund – bei einer anderen Londoner Bank eingezahlt. Frank und Charles verloren mehrere hundert Pfund, Edward zwanzigtausend. Niemand beschuldigte Bruder Henry laut, ein zu rauschhaftes Leben geführt zu haben, aber ob man ihm verzieh, ist eine unbeantwortete Frage.

Er war, wie Jane bemerkte, nicht zum Trübsalblasen geschaffen. Mit fünfundvierzig Jahren begann er noch einmal von vorn: als Kurat ohne Pfründe und mit vierundfünfzig Pfund im Jahr. Im Januar 1817 hielt er in Chawton seinen ersten Gottesdienst. »Das wird eine unruhige Stunde für unsere Kirchenbank werden«, ahnte sie, »obwohl wir gehört haben, daß er sich der Sache mit so viel Fassung und Geschick widmet, als habe er sein ganzes Leben lang nichts anderes getan.«[124]

Winchester

Im Juli 1816 hatte Jane Austen einen Roman beendet, dem Henry später den Titel *Persuasion / Überredung* geben sollte, und der in der deutschen Übersetzung *Anne Elliott* heißt. Sie hatte ihn der Überarbeitung von *Die Abtei von Northanger* vorgezogen, die sie »auf die lange Bank« schob. Doch etwas stimmte nicht mit der dramatischen Entwicklung zwischen Anne und Kapitän Wentworth, und so schrieb sie das zehnte Kapitel noch einmal um.

Etwas stimmte auch nicht mit ihrer Gesundheit, und obwohl sie der Welt ihr freundliches Gesicht zeigte, muß sie in diesem letzten Jahr eine große Bangigkeit befallen haben. »Krankheit ist ein gefährlicher Luxus in meinem Alter.«[125] Was bedeutete dieses Ziehen im Rücken, diese Müdigkeit, dieses fortwährende Sich-Hinsetzen-Müssen, dieses Sich-am-Geländer-Hochziehen? 1816 war ein Jahr der schrecklichen Nachrichten gewesen. Im Februar sank Charles Schiff, die *Phoenix*, vor den westindischen Inseln. Die Mannschaft wurde gerettet und da ein Lotse an Bord war, traf ihn keine Schuld, aber er sollte diesen Karriereknick nicht so schnell verwinden. Dann hatte Edward um Chawton House prozessieren müssen, und schließlich Henrys Bankrott: die Sorgen, die Nächte, die sie aufsaß; kein Wunder, daß sie so matt war. Vielleicht würde eine Kur in Cheltenham helfen? Aber gegen die Addison'sche Krankheit, ein Versagen der Nebennieren, konnte vor zweihundert Jahren nichts helfen.

Es gab gute Zeiten, in denen es ihr besser ging und sie schreiben konnte. Bis zu ihrem letzten Brief scherzt sie, nun werde ihr von ihrem Arzt in Winchester geholfen, und wenn nicht, werde sie das ganze Domkapitel verklagen. Im Wohnzimmer in Chawton ruhte sie auf zwei zusammengeschobenen Stühlen, weil niemand Mrs. Austen den Platz auf dem Sofa streitig machen konnte. »Seit einigen Wochen fühle ich mich nicht wohl«, antwortet sie Fanny auf deren Nachfragen, »und vor ungefähr einer Woche war ich sehr elend, hatte oft hohes Fieber und keine guten Nächte, aber jetzt geht es mir bedeutend besser und ich gewinne auch mein Aussehen wieder zurück [...] Ich will jedoch nicht darauf vertrauen, jemals wieder blühend auszusehen.« Manchmal kroch sie nur im Haus herum; manchmal schaffte sie einen Weg bis nach Alton, aber nicht wieder zurück. Damit die Chaise nicht jedesmal angespannt werden mußte, wurde ein Sattel für den kleinen Esel angefertigt. Nun konnte sie ausreiten, Cassandra zu ihrer Seite. Frische Luft und Bewegung – was konnte es Gesünderes geben!

Im Januar 1817 teilt sie einer alten Freundin mit, sie sei im Winter stärker geworden und fast über den Berg. Sie glaubt nun, es sei die Galle, und da wisse sie, was zu tun sei. In diesem Hochgefühl beginnt sie *Sanditon* zu schreiben, einen Roman, der die eingebildeten Kranken und die vernunftlosen Gesunden aufs Korn nimmt. Achtzig Seiten; die letzten mit Bleistift geschrieben. Dann geht auch das nicht mehr. Am 18. März legt sie das Manuskript aus der Hand. Ende März stirbt ihr Onkel Leigh-Perrot. Jahrelang hatte sich Mrs. Austen Hoffnungen gemacht, ihr steinreicher Bruder werde ihr etwas hinterlassen, damit sie im Alter nicht ausschließlich von ihren Söhnen abhängig sei. Seit Henrys Bankrott hatten er und Frank ihre jährlichen Zuwendungen streichen müssen, und die hundert Pfund fehlten an allen Enden. Doch bei den Leighs war der Familiensinn weniger ausgeprägt als bei den Austens. Mr. Leigh-Perrots Alleinerbin war Mrs. Leigh-Perrot, und alle, die auf ihr baldiges Ende spekulierten, wurden enttäuscht. Sie lebte noch zwanzig Jahre im schönen Bewußtsein ihrer stabilen Gesundheit und der nicht nachlassenden beflissenen Aufmerksamkeit zweier Generationen von Neffen und Nichten. Daß sie übergangen worden war, versuchte Mrs. Austen stoisch zu ertragen, aber Jane erlitt einen Nervenzusammenbruch.

»Ich hatte eine Gallenkolik mit ziemlich hohem Fieber. Vor ein paar Tagen schien sie überwunden zu sein, aber ich schäme mich zu sagen, daß der Schock über das Testament meines Onkels einen Rückfall bewirkte. Am Freitag war ich so krank und fürchtete, daß es noch schlimmer würde, daß ich Cassandra bat, gleich nach der Beerdigung heimzukommen.[...] Natürlich kam sie, und entweder ihre Rückkehr oder die Visite von Mr. Curtis oder weil sich meine Krankheit entschlossen hat zu verschwinden, haben bewirkt, daß es mir heute morgen besser geht. Ich lebe jedoch im Moment oben im Bett und werde verwöhnt. Ich bin die einzige in der Familie, die sich so albern angestellt hat, aber ein schwacher Körper muß die schwachen Nerven entschuldigen.«[126]

Ihre Nichten Anna und Caroline besuchen sie, als sie in ihrem Schlafzimmer im Morgenrock aufsitzen kann, »schwarz und bleich und lauter falsche Farben im Gesicht«, wie die

College Street Nr. 8 in Winchester, Jane Austens Sterbehaus

Krankheit sie gezeichnet hat. Sie war schwach, aber eigentlich heiter und ganz sie selbst, erinnerte sich Caroline. Nein, sie leidet keine Schmerzen, ihr Kopf ist klar, nur die Nächte sind fiebrig, bleiern, schlimm. Tante Cass ist eine wunderbare Pflegerin, so aufopferungsvoll und unermüdlich, alle ihre Brüder, so voller Zuneigung und Sorge.
Da Mr. Curtis, der Apotheker, mit seinem Latein am Ende ist, suchen sie Rat bei Mr. Lyford vom Grafschafts-Krankenhaus in Winchester, »und seine Anwendungen haben das Übel nach und nach beseitigt«,[127] schreibt sie an eine ehemalige Gouvernante der Knights. Sie werde nun für ein paar Wochen dorthin reisen, um zu sehen, was dieser Mr. Lyford weiter tun könne, um sie wieder einigermaßen gesund zu machen. Sie fühle sich bereits auf dem Weg der Besserung und sei eine sehr elegante, transportfähige Pa-

tientin. »Sollte ich eine alte Frau werden, würde ich mir wünschen, daß ich jetzt gestorben wäre, gesegnet mit meiner Familie und deren liebevoller Obhut [...] Aber Gottes Vorsehung hat mich wieder hergestellt. Ich hoffe, in angemessenerem Zustand vor ihn zu treten, wenn ich abgerufen werde.«

Eine Woche später macht sie ihr Testament, in dem sie Cassandra ihre gegenwärtigen und künftigen Einnahmen vererbt, abzüglich fünfzig Pfund für Henry und fünfzig für dessen ehemalige französische Haushälterin, die bei seinem Bankenkrach ihre sämtlichen Ersparnisse verloren hatte. Fanny soll eine in ein Schmuckstück gefaßte Locke bekommen, ihre kleine Schwester Louisa, deren Patentante Jane ist, eine goldene Kette. So beginnt der Abschied.

Ende Mai 1817 reist sie mit Cassandra nach Winchester. James und Mary schicken die Familienkutsche aus Steventon – eine ungewöhnlich großzügige Geste für ihre knickerige Schwägerin, wie sie anerkennen muß –, Henry und Edwards Sohn William Knight begleiten sie zu Pferde. Wenn es nicht die ganzen sechzehn Meilen geregnet und ihr die beiden durchnäßten Gestalten so leid getan hätten, wäre es fast ein Ausflug gewesen. Eine alte Freundin hat für sie eine Wohnung im ersten Stock in der College Street Nr. 8 gemietet. Dort sollte sie die letzten sechs Wochen ihres Lebens verbringen. »Ich will nicht mit meiner Handschrift prahlen«, schreibt sie mit zitternder Feder an ihren Neffen James Edward. »Weder sie noch mein Gesicht haben bisher ihre alte Schönheit wiedergewonnen, doch sonst werde ich jeden Tag stärker. Ich bin jetzt von morgens um neun bis abends um zehn aus dem Bett – zwar nur auf dem Sofa, aber ich esse meine Mahlzeiten zusammen mit Tante Cassandra auf vernünftige Art; ich kann mich selbst beschäftigen und von einem ins andere Zimmer gehen. Mr. Lyford sagt, er werde mich kurieren […] Unsere Bleibe ist sehr bequem. Wir haben einen adretten kleinen Salon mit einem Erkerfenster, das auf Dr. Gabells Garten hinausblickt.«[128] Glaubte sie wirklich noch, daß es nun wieder aufwärtsging, oder waren dies alles freundliche Täuschungen?

College Street Nr. 8 liegt in der Nähe der Eingangspforte von Winchester College und gegenüber der langen Mauer, die die Domfreiheit um die Kathedrale umschließt, ein kleines gelbes, heute ein wenig leer und verloren wirkendes Gebäude neben dem Haus des College-Direktors. Vom Erker konnte sie den gedrungenen viereckigen Turm der Kathedrale sehen. Ihren Grundstein hatte Wilhelm der Eroberer gelegt. Keine »Verbesserung« folgender Jahrhunderte, keine neuere Stadtentwicklung hat den großen Raum um das gotische Meisterwerk berührt. Es erhebt sich in seiner »Freiheit« zwischen großen Rasenflächen und baumbestandenen Fußgängerwegen. Winchester war Britanniens erste Hauptstadt, und auch nachdem London ihm den Rang abgelaufen hatte, blieb es der Mittelpunkt des angelsächsischen Königreichs Wessex. Steine aus jedem Jahrhundert ragen überall ins Stadtbild: die Great Hall aus dem 13. Jahrhundert, in der eine Tischplatte aus der Zeit – gerne auch als König Artus' Tafelrunde bezeichnet – wie ein riesiges Dartboard an der Wand hängt, das Stadtkreuz aus dem 15. Jahrhundert, die Ruinen von Wolvesey Castle, dem alten Bischofssitz und nebenan das College. James Edward hatte hier studiert, und nun war der junge William dran. Schüler des 21. Jahrhunderts marschieren mit wehenden Talaren übers Gelände. Der Rest ist elisabethanisch: die Kreuzgänge, die katzenkopfgepflasterten Innenhöfe und die spannendicken eichenen Tischplatten im Speisesaal.

Einmal wird sie in diesem Frühling in einer Sänfte in die Stadt getragen, vielleicht an Wolvesey Castle vorbei und am schnell strömenden Flüßchen Itchen entlang, das sich in den maigrünen »water meadows« verliert, oder andersherum durch Cathedral Close, und bei besserem Wetter, hofft sie, würde sie zu einer Fahrt im Rollstuhl befördert. Fanny schickt muntere Briefe voller Klatsch und Familiennachrichten, bis sie auch die nicht mehr lesen kann. Mr. Lyford sagt James, was alle ahnen. Der schreibt seinem Sohn: »Ich fand sie sehr verändert vor, aber gefaßt und heiter. Sie ist sich ihrer Lage bewußt.« James und Henry reichen ihr das Abendmahl. Sie stirbt am 18. Juli 1817.

Zwei Tage später schreibt Cassandra an Fanny: »Ihre letzten achtundvierzig Stunden verbrachte sie mehr schlafend als wachend. Ihr Aussehen veränderte sich, sie verfiel, aber ich bemerkte keine wesentliche Abnahme ihrer Kräfte, und obwohl ich zu diesem Zeitpunkt keine Hoffnung mehr auf eine Genesung hatte, ahnte ich doch nicht, daß sie mich so schnell verlassen würde. – Ich habe einen Schatz verloren, eine solche Schwester, eine solche Freundin, wie sie keine übertreffen wird. Sie war die Sonne meines Lebens, sie hat jede Freude vergoldet und jeden Kummer gelindert. Es gab keinen Gedanken, den ich vor ihr verborgen hätte, und nun ist mir, als hätte ich einen Teil meiner selbst verloren.[...] Sie fühlte, daß sie im Sterben lag, und wurde dann für eine halbe Stunde ruhig und anscheinend bewußtlos.

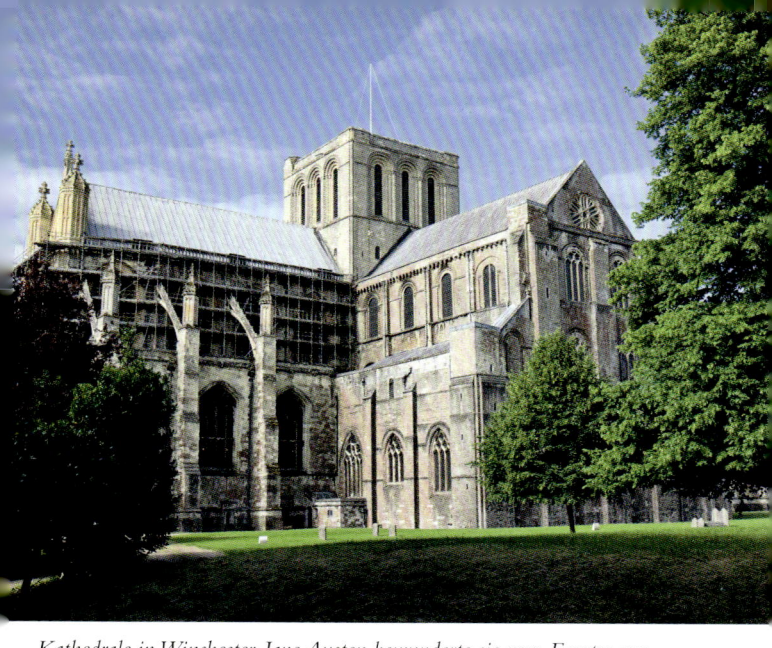

Kathedrale in Winchester. Jane Austen bewunderte sie vom Fenster aus

Aber in dieser halben Stunde des Todeskampfes mußte sie schrecklich leiden, die arme Seele. Sie sagte, daß sie uns nicht sagen könne, was sie litt, obwohl sie kaum über einen eindeutigen Schmerz klagte. Als ich sie fragte, ob sie etwas wünsche, antwortete sie: nur den Tod.«[129] Zehn Stunden später starb sie mit dem Kopf in Cassandras Schoß.

Vor dem Morgengottesdienst am 24. Juli wird sie in der Kathedrale beigesetzt. Cassandra blickt dem kleinen Trauerzug – ihre Brüder Edward, Henry, Frank und der Neffe James Edward – vom Erkerfenster aus bis zum Ende der Straße nach. Für Damen schickte es sich nicht, an Beerdigungen teilzunehmen. »Es ist mir eine Genugtuung zu wissen, daß sie in einem Gebäude liegen wird, das sie so bewundert hat.« Aber wie kam es dazu? Wer hatte die Erlaubnis des Dekans und des Domkapitels eingeholt? Der Kanonikus Frederick Bussby schreibt in seiner Broschüre *Jane Austen in Winchester*, sie selbst habe sich an das Domkapitel gewandt, aber er scheint der einzige zu sein, der der sterbenden Frau einen solchen Schritt zutraut. War es noch einmal das »liebe Geschöpf« Henry, der den Dekan aufsuchte und bewegende Worte über das »brillanteste Genie und den entschiedensten Christenmenschen« fand, »dessen Asche unter den eminenten Toten in der Kathedrale«[130] ruhen dürfe? Der Dekan wunderte sich vermutlich. Jane – wer? Die Schwester seines Amtsbruders war weder eine Bürgerin von Winchester noch eine Person von Konsequenz.

Aber wer war sie dann? »Jane Austen, die jüngste Tochter des verstorbenen Reverends Austen, die am 18. Juli 1817 mit 41 Jahren und nach langer, mit christlicher Geduld und

Hoffnung ertragener Krankheit aus dem Leben schied. Die Güte ihres Herzens, die Freundlichkeit ihres Naturells, ihre außergewöhnlichen Geistesgaben gewannen ihr die Achtung all derer, die sie kannten und die herzliche Liebe derer, die ihr eng verbunden waren.« So ließ es Bruder James in die schwarze Grabplatte im nördlichen Seitenschiff meißeln. Ihr Name ist so groß geschrieben wie der ihres Vaters; kein Wort davon, daß sie Schriftstellerin war. Englands Jane – das kam erst später.

> Jane lies in Winchester
> Blessed be her shade,
> Praise the Lord for making her
> And for all she made,
> And while the stones of Winchester –
> Or Milsom Street – remain,
> Glory, love and honour
> Unto England's Jane[131]

Ein Küster der Kathedrale wußte es fünfzig Jahre später immer noch nicht. »Sir, können Sie mir bitte mal verraten, was so Besonderes an dieser Dame war?« erkundigte er sich bei einem Spurensucher, der ihn nach Jane Austen gefragt hatte. »So viele Leute wollen wissen, wo sie hier begraben ist.«

Anhang

Anmerkungen

1. Brief, 2. Dezember 1798, S. 25
2. Ausgerechnet Lord Portsmouth, der als schwer gestörtes Kind zu den Austens kam und später sadistische und nekrophile Tendenzen zeigte, wurde 1814 von einem gewitzten Familienanwalt mit dessen Tochter Mary Ann verheiratet. Da die junge Frau wußte, was auf sie zukam, brachte sie ihren Liebhaber mit in die Ehe, mit dem und ihren drei gemeinsamen Kindern sie auf Hurstbourne Park lebte, bis ein jüngerer Bruder des Grafen dem Treiben ein Ende machte.
3. Brief, 15. September 1796
4. Jane Austen, Mansfield Park. Aus dem Englischen von Angelika Beck. Mit Illustrationen von Hugh Thomson. Insel Verlag Frankfurt am Main und Leipzig 1993 (insel taschenbuch 1503), S. 285
5. Jane Austen, Emma. Aus dem Englischen von Angelika Beck. Insel Verlag Frankfurt am Main und Leipzig 1997 (insel taschenbuch 3501), S. 101
6. Emma, S. 101
7. Brief, 23./25. März 1817
8. Jane Austen, Die Watsons, in: Lady Susan. Ein Roman in Briefen. Aus dem Englischen von Angelika Beck. Mit den zwei Romanfragmenten: Die Watsons und Sanditon. Aus dem Englischen von Elizabeth Gilbert. Insel Verlag Frankfurt am Main 1989 (insel taschenbuch 1192), S. 103
9. Emma, S. 342
10. Brief, 29. Januar 1813
11. Jane Austen, Liebe und Freundschaft, in: Die drei Schwestern und andere Jugendwerke. Herausgegeben und übersetzt von Melanie Walz. Insel Verlag Frankfurt am Main und Leipzig 2000 (insel taschenbuch 2698), S. 54

12 Jane Austen, Stolz und Vorurteil. Aus dem Englischen von Margarete Rauchenberger. Mit Illustrationen von Hugh Thomson. Insel Verlag Frankfurt am Main 1985 (insel taschenbuch 3514), S. 204
13 Brief, 4. Februar 1813
14 Brief, 24. Mai 1813
15 a.a.O.
16 Elizabeth Bowen, The Heritage of British Literature, S. 128
17 Brief, 18. September 1798
18 Brief, 20. November 1800
19 Brief, 9. Januar 1796
20 Stolz und Vorurteil, S. 256 f.
21 Nigel Nicolson, The World of Jane Austen, S. 53
22 Als Henry Lord Paget, der erste Marquis of Anglesey 1808 mit Lady Charlotte Wellesley durchbrannte, wurde er zu 24 000 Pfund Schadensersatz verdonnert. Jane Austen »verabscheute die gesamte Paget-Sippschaft« (Brief 13. März 1817)
23 Mansfield Park, S. 283
24 Brief, 27. Oktober 1796
25 Brief, 30. April 1811
26 Emma, S. 343
27 Emma, S. 27
28 Jane Austen, Die Abtei von Northanger. Aus dem Englischen von Margarete Rauchenberger. Mit Illustrationen von Hugh Thomson. Insel Verlag Frankfurt am Main 1986 (insel taschenbuch 931), S. 109
29 Die Abtei von Northanger, S. 79 f.
30 Brief, 3. Januar 1801
31 Brief, 7. Januar 1807
32 Die Abtei von Northanger, S. 109
33 Brief, 12./13. Mai 1801
34 Die Abtei von Northanger, S. 18

35 Brief, 12. Mai 1801
36 Die Abtei von Northanger, S. 47
37 Jane Austen, Anne Elliot oder Die Kunst der Überredung. Aus dem Englischen von Margarete Rauchenberger. Mit Illustrationen von Hugh Thomson. Insel Verlag Frankfurt am Main 1988 (insel taschenbuch 1062), S. 276
38 Brief, 17. Mai 1799
39 Die Abtei von Northanger, S. 41
40 Anne Elliot, S. 265
41 Johanna Schopenhauer, Reise durch England und Schottland
42 Brief, 25. September 1813
43 a. a. O.
44 Anne Elliot, S. 106
45 John Fowles, Die Geliebte des französischen Leutnants, S. 5
46 Anne Elliot, S. 122
47 Anne Elliot, S. 107
48 Brief, 14. September 1804
49 Sanditon, in: Lady Susan, S. 174
50 Sanditon, S. 195
51 Anne Elliot, S. 110
52 Brief, 8./9. Februar 1807
53 Anne Elliot, S. 81
54 Anne Elliot, S. 27
55 Mansfield Park, S. 499
56 Mansfield Park, S. 473
57 Die Abtei von Northanger, S. 146
58 Brief, 9. Dezember 1808
59 Stolz und Vorurteil, S. 194
60 Austen Papers, S. 131
61 Frederic & Elfrida, in: Die drei Schwestern, S. 224 f.
62 Brief, 14. Juni 1814

63 Emma, S. 419
64 Nigel Nicolson, The World of Jane Austen, S. 55
65 Stolz und Vorurteil, S. 170
66 Stolz und Vorurteil, S. 173
67 Brief, 6./7. November 1813
68 a.a.O.
69 Brief, 20./21. Februar 1817
70 Maggie Lane, Jane Austen's Family S. 239
71 Brief, 24. Juli 1806, Canterbury haben sie durchfahren / und als nächstes Stamford Bridge / schnell durch Chilham hindurch / und schon erklimmen sie dort den Hügelkamm. – Hügelabwärts geht es rasch / schon rollen sie am Park entlang / Ha, die Kühe, die so friedlich grasten / rennen erschrocken von dem Lärm davon
72 Austen-Leigh, Memoir of Jane Austen
73 Brief, 30. November 1814
74 Brief, 3. November 1813
75 Brief, 26. Juni 1808
76 Brief, 27. August 1805
77 Sanditon, S. 189 f.
78 Maggie Lane, Jane Austen's Family, S. 157
79 Brief, 9. Dezember 1808
80 Brief, 4. Februar 1813
81 Brief, 11./12. Oktober 1813
82 Brief, 29. Mai 1811, S. 188
83 Brief, 2./3. März 1814
84 Brief, 29. Jan. 1813
85 Brief, 4. Feb. 1813
86 Brief, 31. Mai 1811
87 Brief, Mitte Juli 1814
88 Brief, 9. Februar 1813
89 Brief, 9. September 1814

90 Brief, 10. August 1814
91 Brief, 28. September 1814
92 Brief, 9. September 1814
93 Brief, 28. September 1814, S. 278
94 Brief, 16. Dezember 1816
95 Brief, 4. Februar 1813
96 Sanditon, S. 251 f.
97 Brief, 3.-6. Juli 1813
98 Brief, 16. Februar 1813
99 Jane Austen, Verstand und Gefühl. Aus dem Englischen von Angelika Beck. Insel Verlag Frankfurt am Main und Leipzig 1991 (insel taschenbuch 3518), S. 200
100 Brief, 18. April 1811
101 Brief, 25. April 1811
102 Brief, 30. April 1811
103 Brief, 15./16. September 1813
104 Brief, 29. November 1812
105 Brief, 6./7. November 1813
106 Brief, 23./24. September 1813
107 Brief, 3.-6. Juli 1813
108 Brief, 24. Mai 1813
109 Brief, 24. Mai 1813
110 Brief, 25. September 1813
111 Brief, 3.-6. Juli 1813
112 Brief, 23./24. August 1814
113 Brief, 17./18. Oktober 1815
114 Brief, 23. November 1815
115 Brief, 1. April 1816
116 Brief, 21. Dezember 1815
117 a.a.O.
118 Brief, 11. Dezember 1815
119 Brief, 1. April 1816

120 Brief, 24. November 1815
121 Brief, 2. Dezember 1815
122 Brief, 26. November 1815
123 Brief, 1. April 1816
124 Brief, 24. Januar 1817, S. 327
125 Brief, 23. März 1817
126 Brief, 6. April 1817
127 Brief, 22. Mai 1817
128 Brief, 27. Mai 1817
129 Brief, 20. Juli 1817
130 Henry Austen, Biographical Notice
131 Jane ruht in Winchester / Gesegnet sei ihr Schatten / Lobet den Herrn, daß er sie schuf / Und alles, das sie geschaffen hat // Und so lange die Steine von Winchester – / Oder Milsom Street – stehen / Ruhm, Liebe und Ehre über Englands Jane (Rudyard Kipling)

Quellen

Romane von Jane Austen:
Anne Elliot. Aus dem Englischen von Margarete Rauchenberger. Insel Verlag Frankfurt am Main 1988
Die Abtei von Northanger. Aus dem Englischen von Margarete Rauchenberger. Insel Verlag Frankfurt am Main 1986
Die drei Schwestern und andere Jugendwerke. Aus dem Englischen von Melanie Walz. Insel Verlag Frankfurt am Main und Leipzig 2000
Emma. Aus dem Englischen von Charlotte Gräfin von Klinkkowstroem. Insel Verlag Frankfurt am Main 1980
Lady Susan. Aus dem Englischen von Angelika Beck; *Die Watsons – Sanditon.* Aus dem Englischen von Elizabeth Gilbert. Insel Verlag Frankfurt am Main 1989
Mansfield Park. Aus dem Englischen von Angelika Beck. Insel Verlag Frankfurt am Main und Leipzig 1993
Stolz und Vorurteil. Aus dem Englischen von Margarete Rauchenberger. Insel Verlag Frankfurt am Main 1985
The History of England by a partial, prejudiced & ignorant Historian. J. L. Carr Publishers o. J.
Verstand und Gefühl. Aus dem Englischen von Angelika Beck. Insel Verlag Frankfurt am Main und Leipzig 2008

Briefe:
Jane Austen's Letters, collected and edited by Deirdre Le Faye. Oxford University Press, Oxford 1995
Austen Papers 1704 – 1856, ed. By R. A. Austen-Leigh. Spottiswoode, Ballantyne 1942

Weitere Quellen:

Austen-Leigh, James Edward: *Memoir of Jane Austen* (1870). Oxford 1926

Beck, Angelika: *Jane Austen, Leben und Werk in Texten und Bildern.* Insel Verlag Frankfurt am Main und Leipzig 1995

Bowen, Elizabeth: *Novelists*, in *The Heritage of British Literature.* Thames Hudson, London 1983

Bussby, Frederick: *Jane Austen in Winchester.* Winchester 1979

Chapman, R.W.: *Jane Austen, Facts and Problems.* The Clarendon Press, Oxford 1948

Cecil, David: *A Portrait of Jane Austen.* Penguin, Harmondsworth 1981

Copeland, Edward and McMaster, Juliet (Ed.): *The Cambridge Companion to Jane Austen.* Cambridge University Press, Cambridge 1997

Daiches David and Flower, John: *Literary Landscapes of the British Isles.* Penguin, Harmondsworth 1981

Defoe, Daniel: *A Tour through the Whole Island of Great Britain.* Dent, London 1974

Fowles, John: *Die Geliebte des französischen Leutnants.* Aus dem Englischen von Reinhard Federmann. Ullstein Verlag, Frankfurt – Berlin – Wien 1969

Gard, Roger: *Jane Austen's Novels.* Yale University Press, New Haven and London 1992

Grawe, Christian: *Jane Austen mit einer Auswahl von Briefen.* Philipp Reclam Verlag, Stuttgart 1988

Hill, Constance: Jane Austen: *Herr Homes & Her Friends.* John Lane The Bodley Head, 1901

Howard, Tom: *Austen Country.* Regency House Publisher, London 1995

Hubback, J. H. & E. C.: *Jane Austen's Sailor Brothers.* London 1906

Jenkins, Elizabeth: *Jane Austen.* Victor Gollancz, London 1992

Lane, Maggie: *Jane Austen's England*. Robert Hale, London 1989
Lane, Maggie: *Jane Austen's Family*. Robert Hale, London 1992
Lane, Maggie: *Jane Austen's World*. Carlton Books, London 1996
Le Faye, Deirdre: *Jane Austen und ihre Zeit*. Aus dem Englischen von Anja Schünemann und Michael Windgassen. Nicolaische Verlagsbuchhandlung, Berlin 2002
Maletzke, Elsemarie: *Jane Austen – Eine Biographie*. Schöffling & Co., Frankfurt am Main 1997
Nicolson, Nigel: *The World of Jane Austen*. Weidenfeld & Nicolson, London 1995
Schopenhauer, Johanna: *Reise durch England und Schottland*. Brockhaus, Leipzig 1818
Spence, Jon: *Geliebte Jane*. Aus dem Englischen von Ursula Gräfe. Insel Verlag Frankfurt am Main und Leipzig 2007
Weldon, Fay: *Briefe an Alice, oder Wenn du erstmals Jane Austen liest*. Aus dem Englischen von Angela Praesent. Rowohlt Verlag, Reinbek 1993
Woolf, Virginia: *Der gewöhnliche Leser*. Essays Band 1. Aus dem Englischen von Hannelore Faden. S. Fischer, Frankfurt am Main 1989

Touristische Hinweise

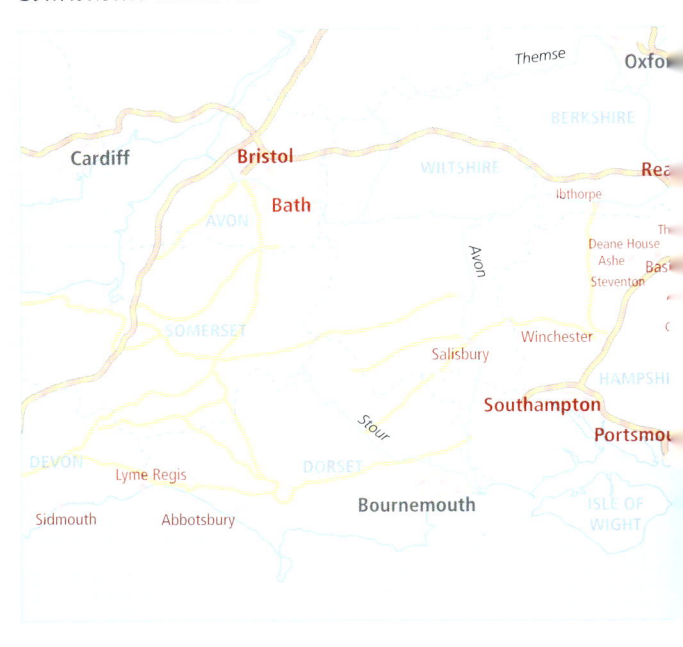

Hampshire:
- Steventon, westlich von Bastingstoke, südlich der B 3400 Richtung Overtone
- Jane Austen's House Museum, Chawton bei Alton, Juni-August täglich 10-17 Uhr, März-Mai und September-1. Januar täglich 10.30-16.30 Uhr. Januar und Februar an Wochenenden 10.30-16.30 Uhr. www.jane-austens-house-museum.org.uk
- Chawton House Library, Chawton, Führungen Dienstag und Donnerstag 14.30 Uhr, Garten Montag-Freitag 10-16 Uhr. www.chawton.org

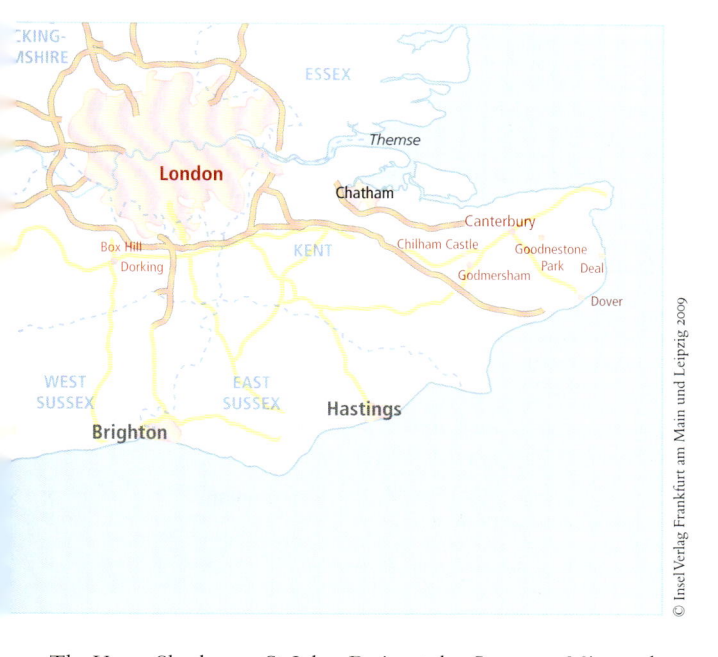

- The Vyne, Sherborne St John, Basingstoke, Samstag – Mittwoch, 15. März – 2. November, 11 – 17 Uhr, 17. März – 29. Oktober 13 – 17 Uhr
- Winchester, Kathedrale täglich 9 – 17 Uhr
- Ashe House B 3400 von Steventon Richtung Overtone, Abzweigung (Ashe) rechts
- Deane House, Kreuzung Steventon/ Deane Gate Inn nördlich der B 3400

Kent:
- Goodnestone (sprich: Gunston) bei Aylesham / Wingham, 7 Meilen von Canterbury, östlich der B 2064. Gärten 19. März – 3. Oktober wochentags 11 – 17 Uhr, Samstag und Sonntag 12 – 17 Uhr, 19. März – 31. Mai Mittwoch – Sonntag, 1. Juni – 3. Oktober Dienstag – Freitag und Sonntag
www.goodnestoneparkgardens.co.uk

Wiltshire:
- Mompesson House, Cathedral Close, Salisbury, Samstag – Mittwoch, 11 – 17 Uhr
- Bath, Pump Room, täglich 9.30 – 17 Uhr
- Bath, Jane Austen Center, 40 Gay Street, Montag – Sonntag 9.45 – 17.30 Uhr, 9. November – 13. März 11 – 16.30 Uhr.
www.janeausten.co.uk.
Austen Tours Samstag und Sonntag 11 Uhr, Juli und August auch Freitag und Samstag 16 Uhr. Ab Information Center in Abbey Churchyard.

Jane Austen
im insel taschenbuch

Die Abtei von Northanger. Roman. Übersetzt von Margarete Rauchenberger. it 931. 253 Seiten. it 3494. 250 Seiten

Anne Elliot. Roman. Übersetzt von Margarete Rauchenberger. it 1062. 278 Seiten. it 3495. 280 Seiten

Die drei Schwestern und andere Jugendwerke. Herausgegeben und übersetzt von Melanie Walz. it 2698. 314 Seiten

Emma. Roman. Übersetzt von Charlotte Gräfin von Klinckowstroem. it 511. 560 Seiten

Emma. Roman. Übersetzt von Angelika Beck. it 2953 und it 3501. 628 Seiten. it 3490. 630 Seiten

Lady Susan. Ein Roman in Briefen. Mit zwei Romanfragmenten: Die Watsons. Sanditon. Übersetzt von Angelika Beck und Elizabeth Gilbert. it 1192. 252 Seiten

Mansfield Park. Roman. Übersetzt von Angelika Beck. it 1503. 578 Seiten. it 3493. 580 Seiten

Stolz und Vorurteil. Roman. Übersetzt von Margarete Rauchenberger. it 787, it 1952 und it 3514. 441 Seiten. it 3491. 400 Seiten

Über die Liebe. Ausgewählt von Felicitas von Lovenberg. it 3261. 133 Seiten

Verstand und Gefühl. Roman. Übersetzt von Angelika Beck. it 1615. 449 Seiten. it 2365. 616 Seiten. it 3518. 464 Seiten. it 3492. 470 Seiten

Über Jane Austen

Angelika Beck. Jane Austen. Leben und Werk in Texten und Bildern. it 1620. 212 Seiten

Jane Austen. »Ich bin voller Ungeduld.« Briefe an Cassandra. Ausgewählt und aus dem Englischen übertragen von Ursula Gräfe. it 3444. 200 Seiten

Jane Austen für Boshafte. Ausgewählt von Elsemarie Maletzke. it 3445. 120 Seiten

Felicitas von Lovenberg. Jane Austen. Ein Porträt. Mit zahlreichen Abbildungen. it 3299. 96 Seiten

Else Marie Maletzke. Mit Jane Austen durch England. Mit farbigen Fotografien von Markus Kirchgessner. it 3443. 180 Seiten

Jon Spence. Geliebte Jane. Die Geschichte der Jane Austen. Übersetzt von Ursula Gräfe. Mit zahlreichen Abbildungen. it 3312. 384 Seiten

Mit dem insel taschenbuch durch England, Schottland, Wales und Irland

Cambridge. Eine Kulturgeschichte. Von Peter Sager. Mit zahlreichen Abbildungen. it 3335. 331 Seiten

Dublin. Ein Reisebegleiter. Von Hans-Christian Oeser. Mit farbigen Fotografien. it 3114. 250 Seiten

England, mein England. Britische Begegnungen. Von Peter Sager. it 3180. 152 Seiten

Englische Dichter und ihre Häuser. Von Hans-Günter Semsek. Mit farbigen Fotografien von Horst und Daniel Zielske. it 2553. 253 Seiten

Englische Gartenlust. Von Cornwall bis Kew Gardens. Von Peter Sager. it 3184. 162 Seiten

Irish Pubs. Ein Reisebegleiter durch Irland. Von Johann-Günther König. Mit farbigen Fotografien von Doris Heitkamp. it 3020. 314 Seiten

Jenseit des Tweed. Bilder und Briefe aus Schottland. Von Theodor Fontane. it 1066. 368 Seiten

London. Bilder einer großen Stadt. Von Virginia Woolf. Übersetzt von Kyra Stromberg. it 3185. 102 Seiten

London. Literarische Spaziergänge. Von Harald Raykowski. Mit farbigen Fotografien. it 2554. 264 Seiten

Mein Cornwall. Schönheit und Geheimnis. Von Daphne du Maurier. Übersetzt von N. O. Scarpi. it 3182. 190 Seiten

NF 722/1/5.09

Mit Jane Austen durch England. Von Elsemarie Maletzke. Mit farbigen Fotografien von Markus Kirchgessner. it 3443. 170 Seiten

Oxford. Eine Kulturgeschichte. Von Peter Sager. Mit zahlreichen Abbildungen. it 3334. 365 Seiten

Reisen eines Deutschen in England im Jahr 1782. Von Karl Philipp Moritz. it 2641. 193 Seiten

Sissinghurst. Portrait eines Gartens. Von Vita Sackville-West und Harold Nicolson. Übersetzt von Susanne Lange. it 3183. 127 Seiten

Die Themse. Ein Reisebegleiter. Von Hans-Günter Semsek. Mit farbigen Fotografien. it 3333. 238 Seiten

Very British! Unterwegs in England, Schottland und Irland. Von Elsemarie Maletzke. it 3179. 132 Seiten

Von Pub zu Pub. Eine literarische Kneipentour durch London und Südengland. Von Johann-Günther König. Mit farbigen Fotografien. it 2888. 272 Seiten

Die Welt der Brontës. Von James Birdsall. Übersetzt von Michael Koseler. Mit Fotografien von Paul Barker. it 3282. 157 Seiten

Wildes Wales. Land der Kämpfer und Dichter. Von George Borrow. Übersetzt von Sigrid Ruschmaier. it 3181. 122 Seiten